# Livre de coloriage
# Toutou

**Coloring Pages for Kids**



Coloring Pages for Kids
An imprint of Ciparum LLC

Livre de coloriage toutou
© 2017 Ciparum LLC
All rights reserved.
ISBN-10:1-63589-536-7
ISBN-13:978-1-63589-536-0

**Coloring Pages for Kids**

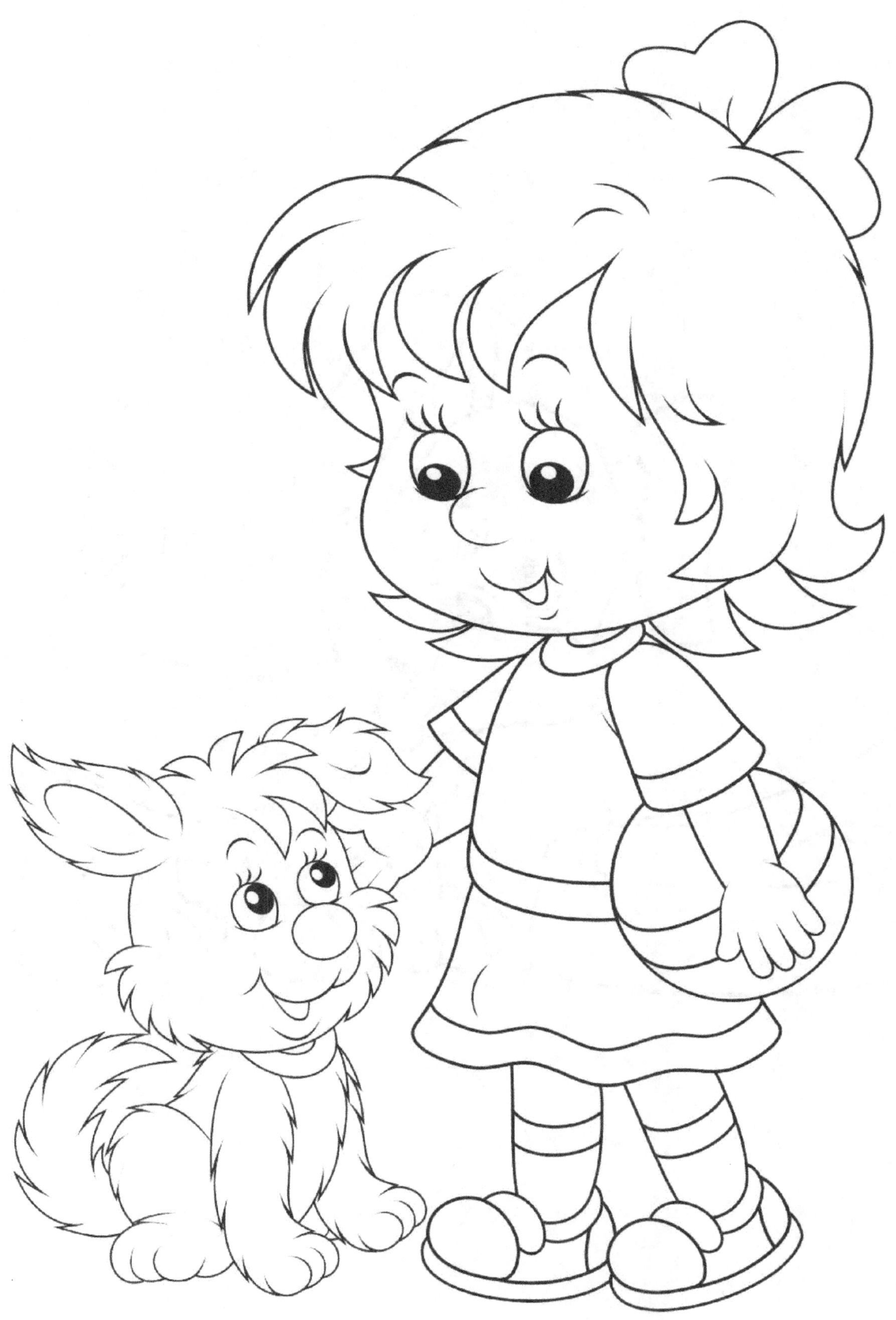

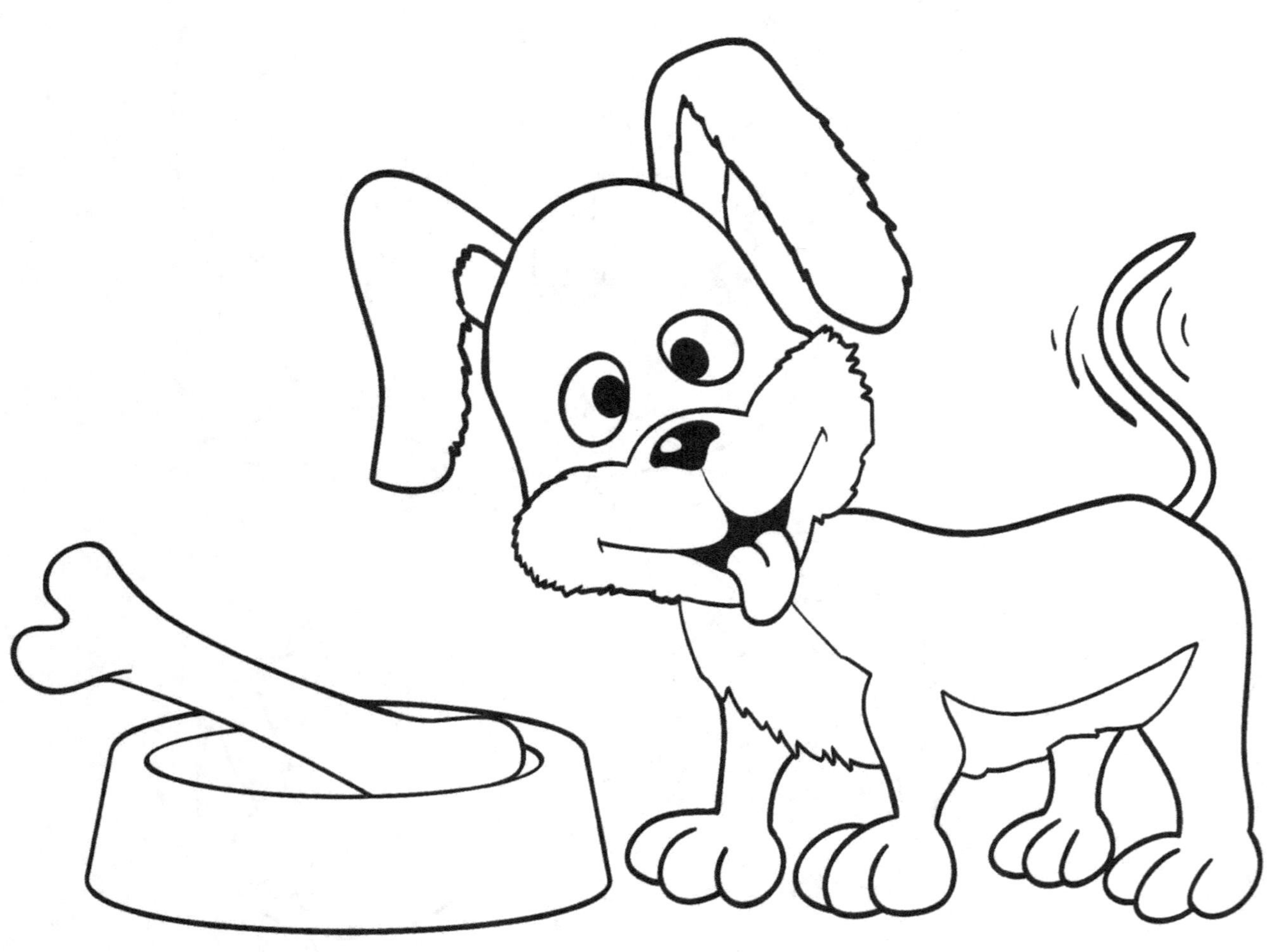

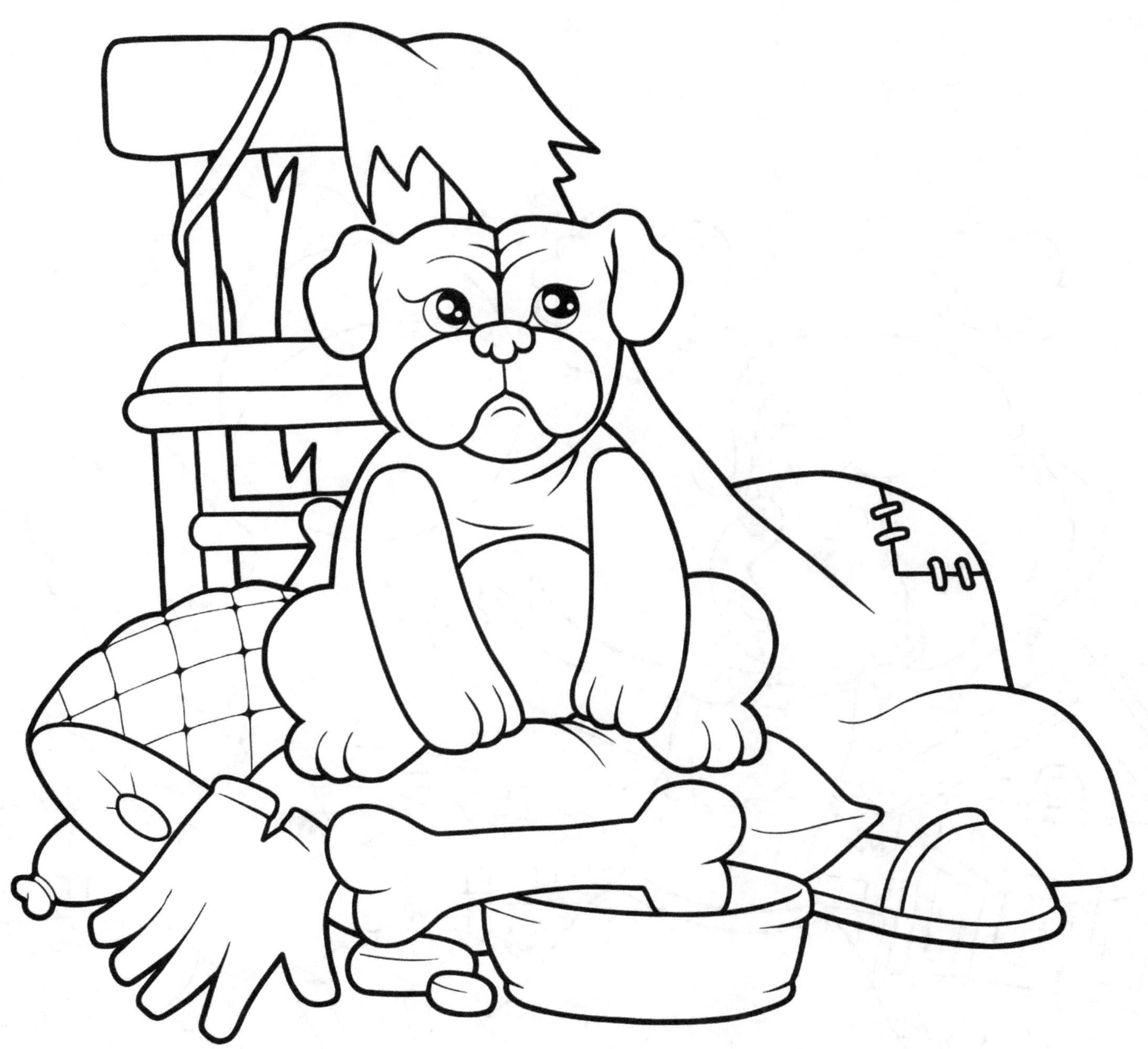

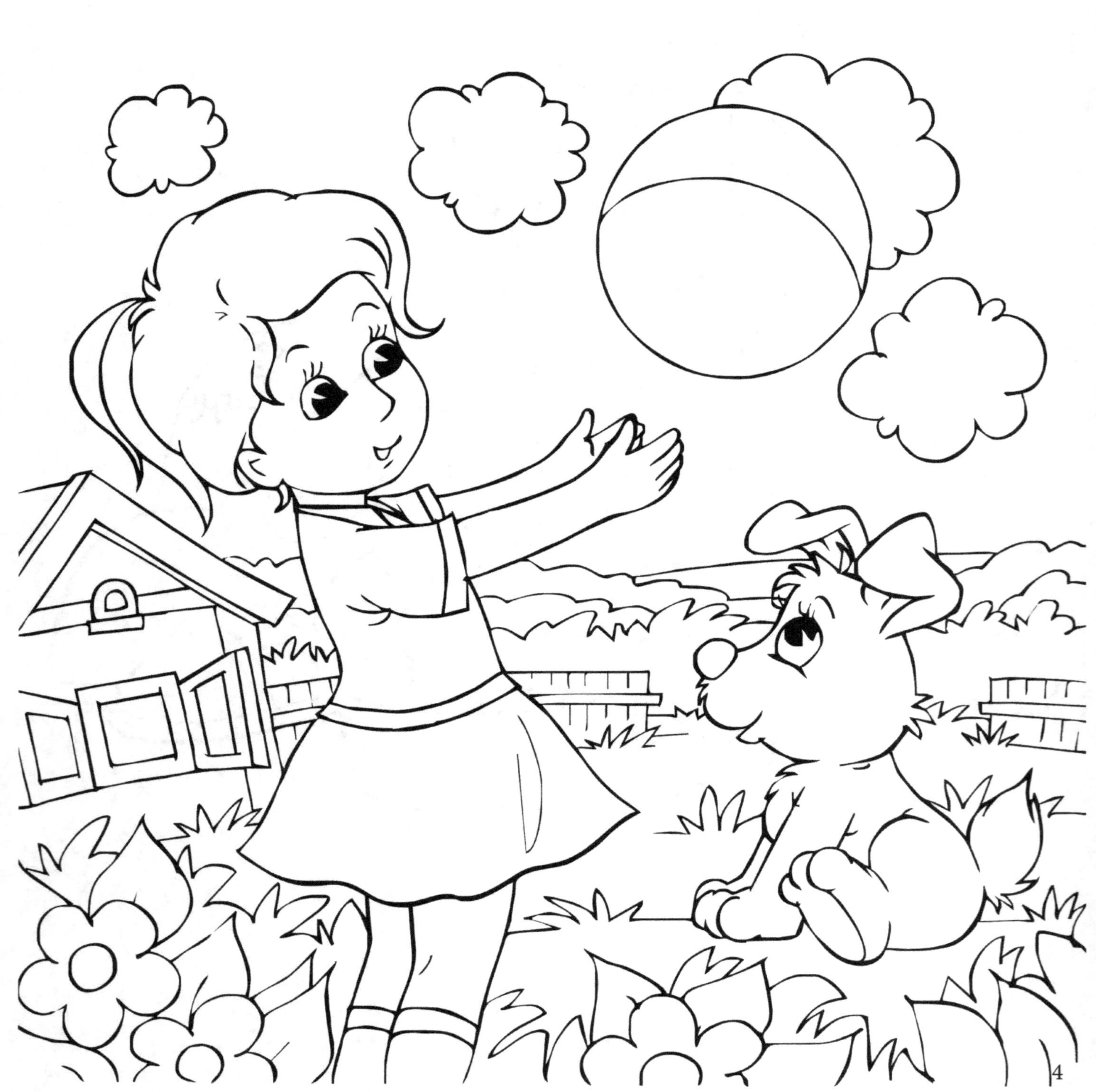

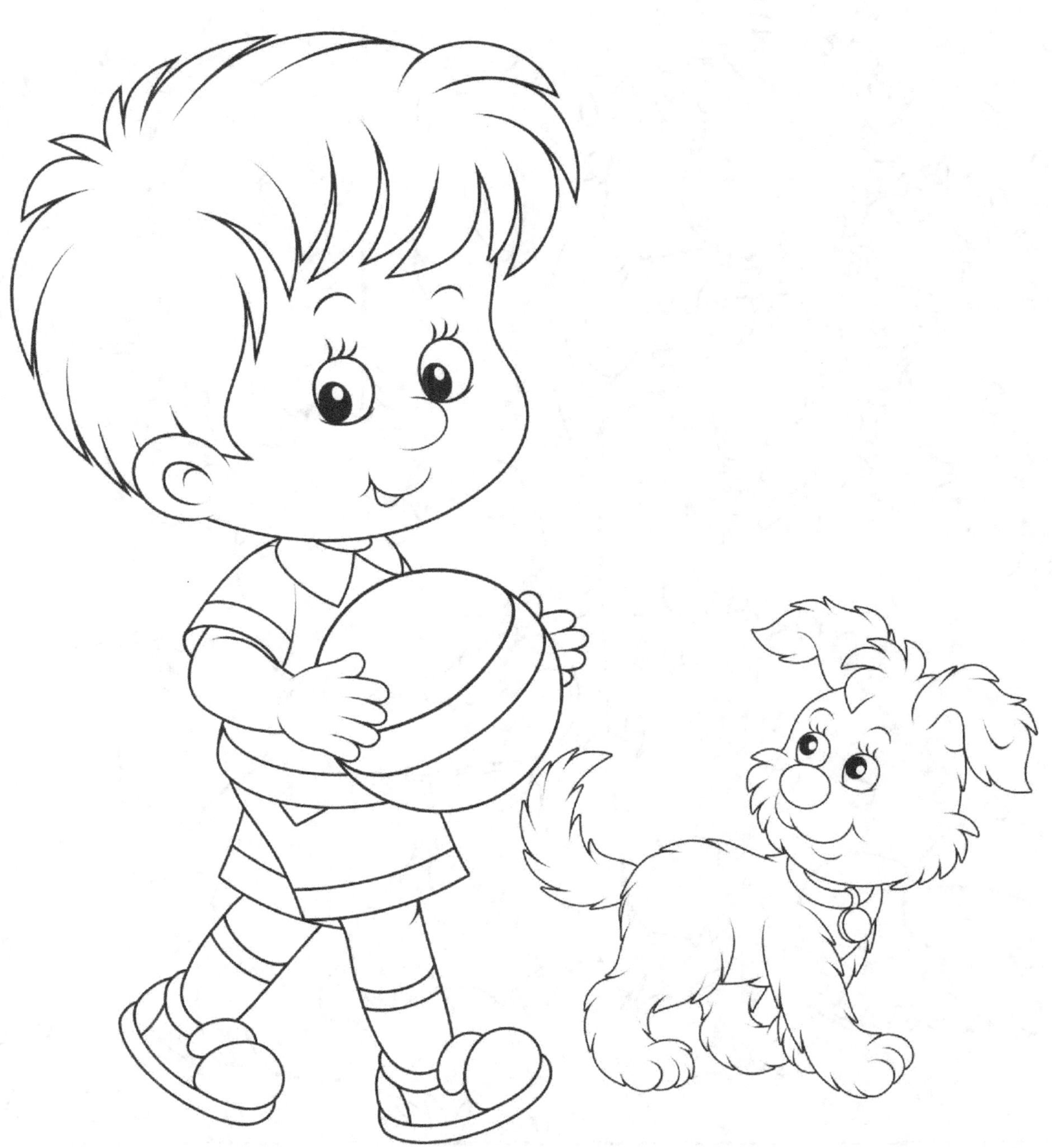

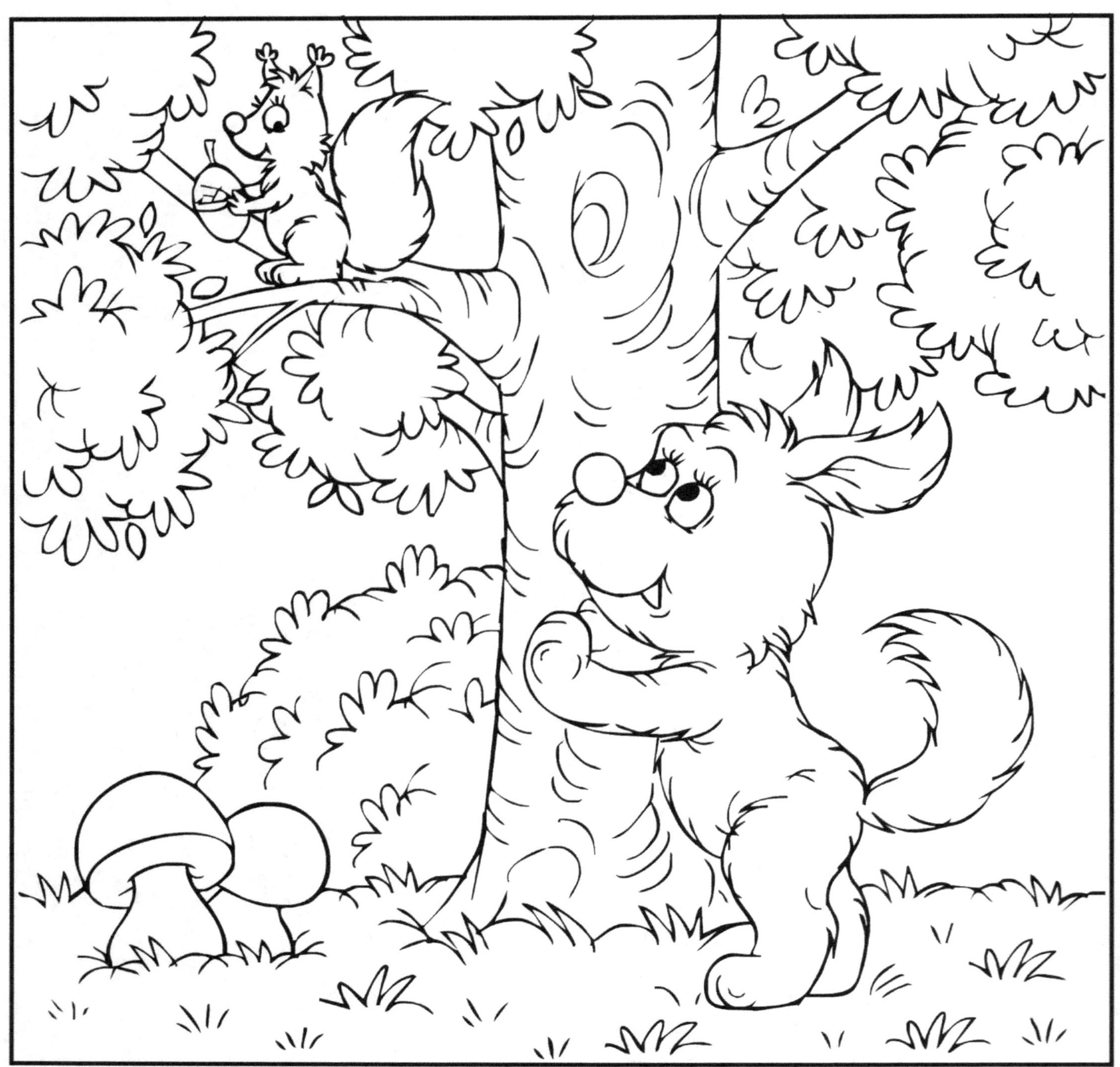

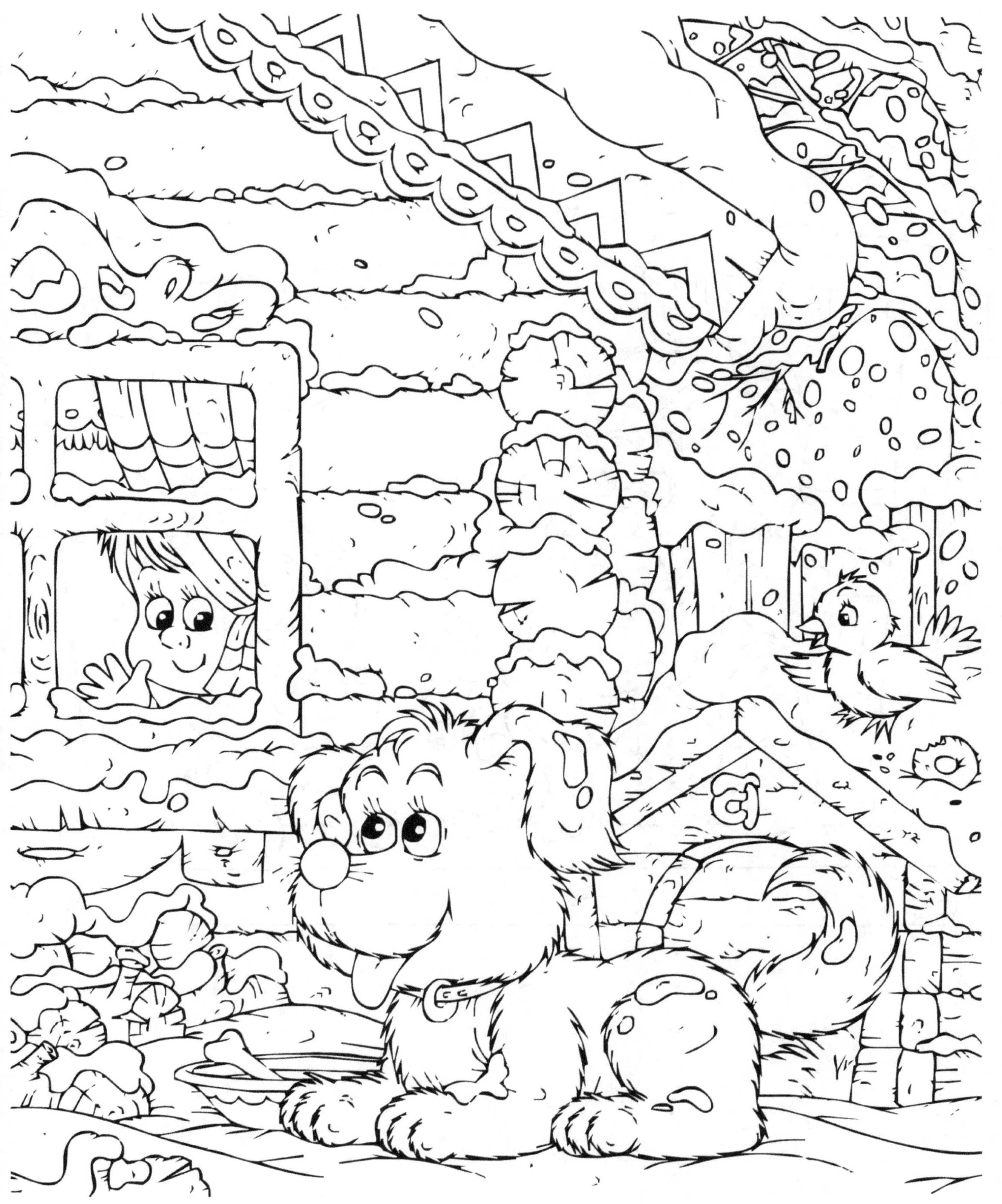

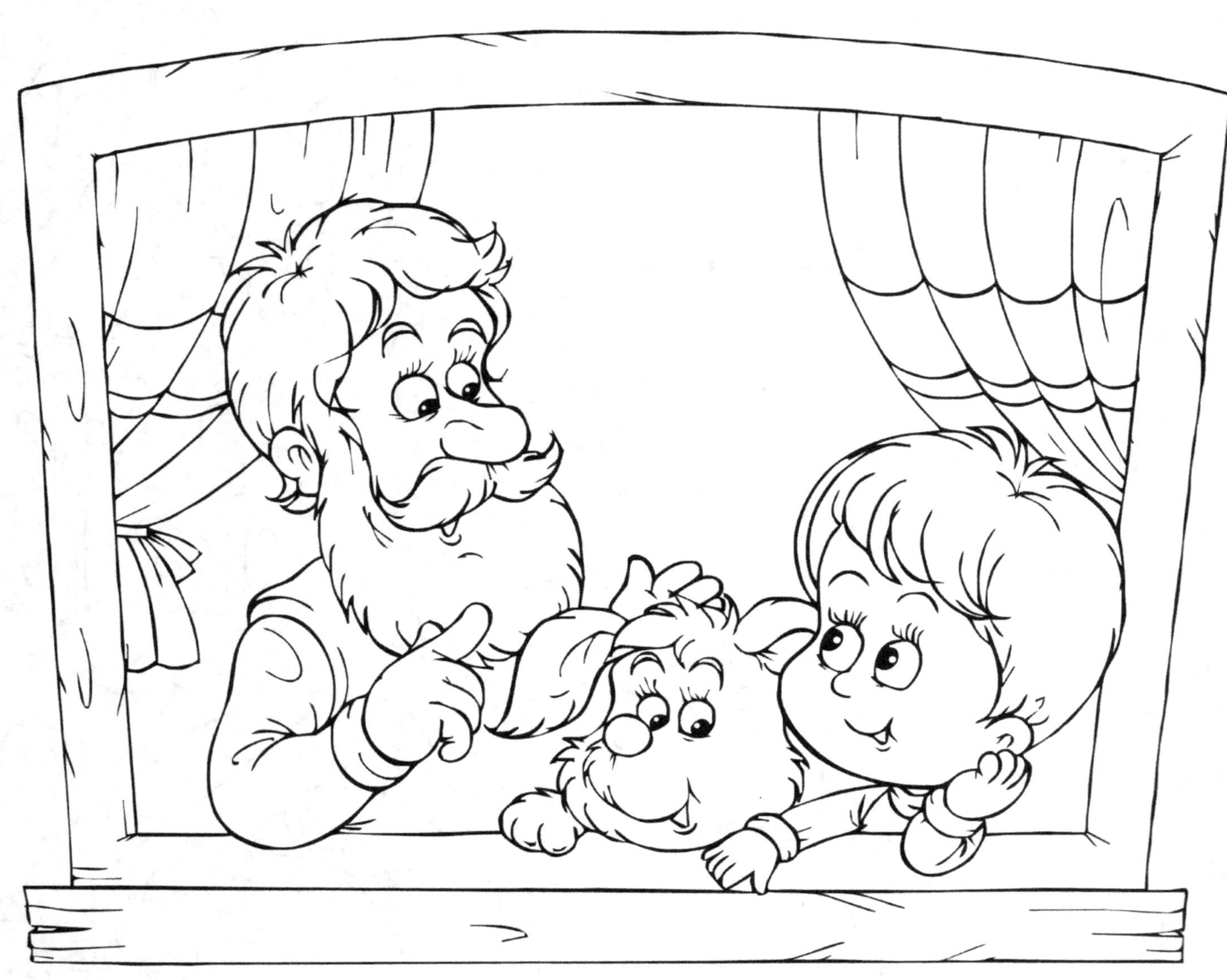

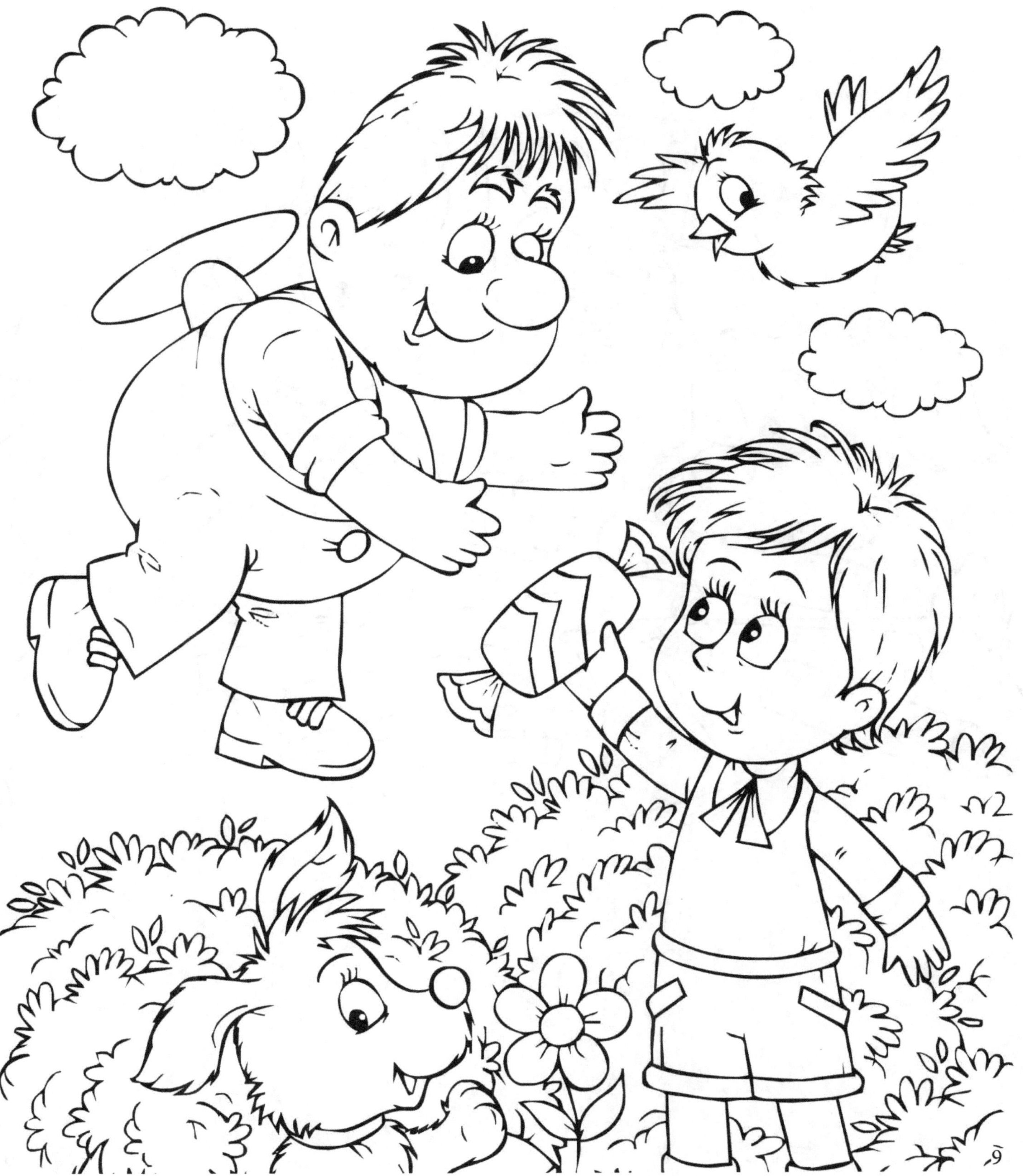

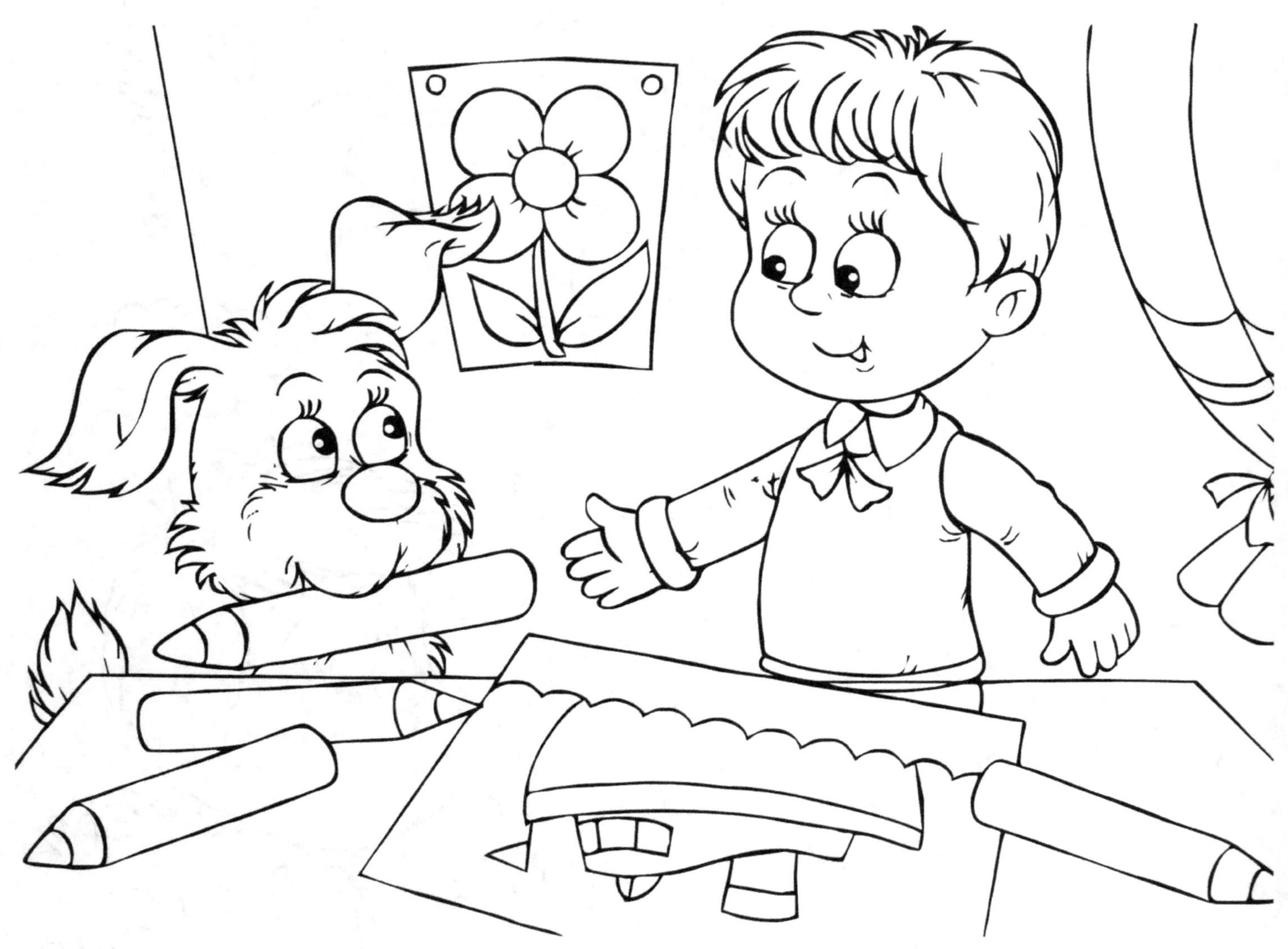

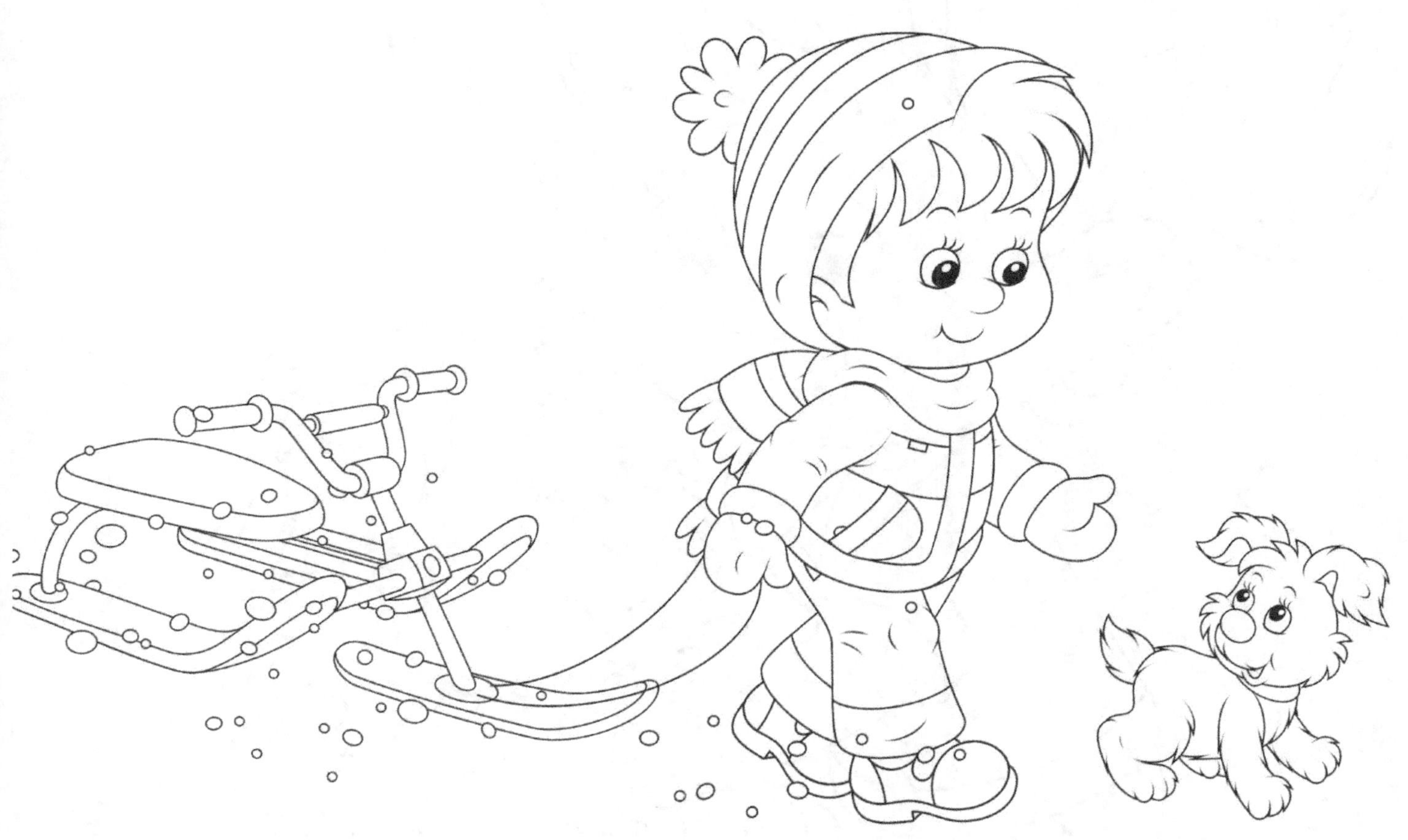

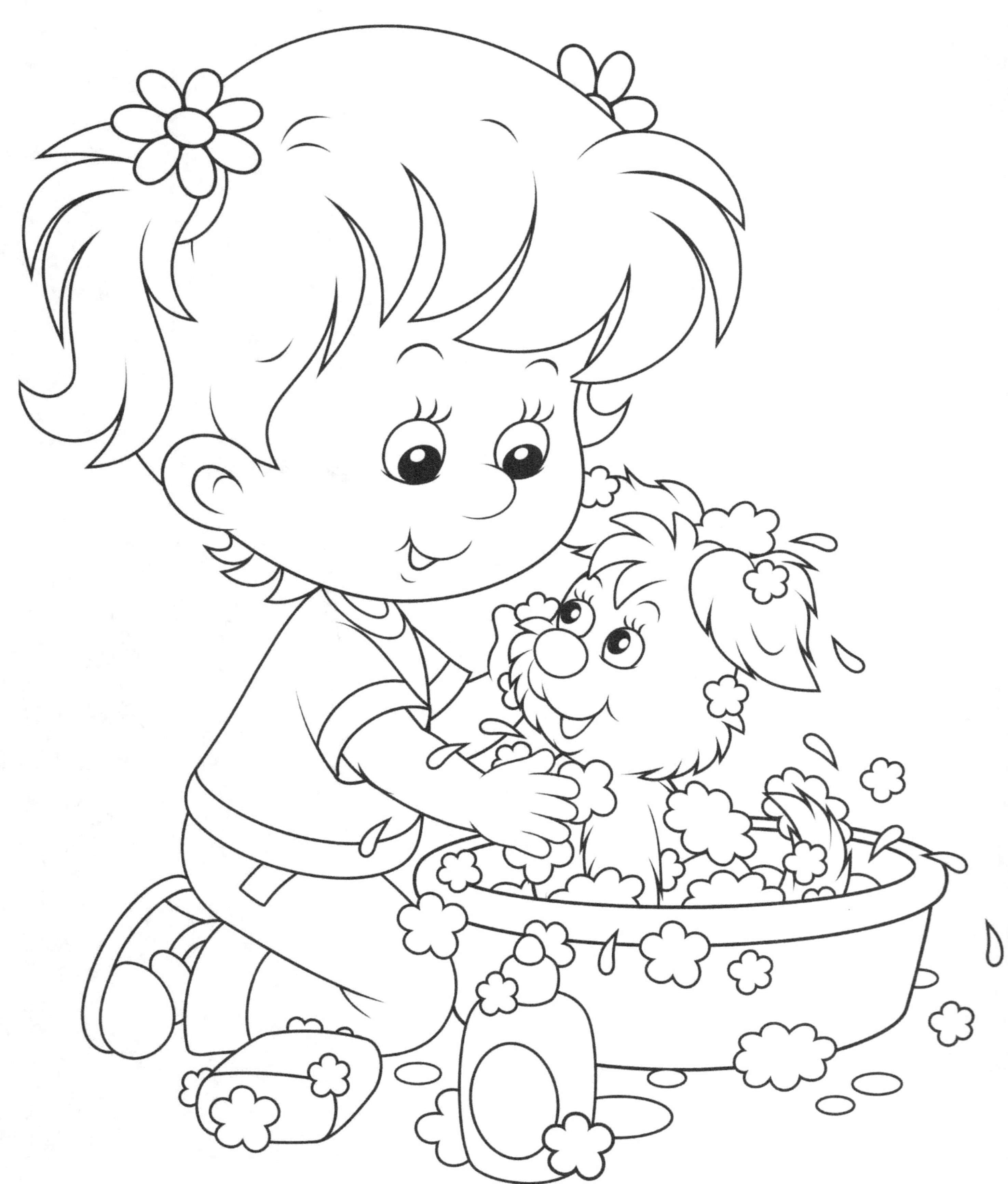

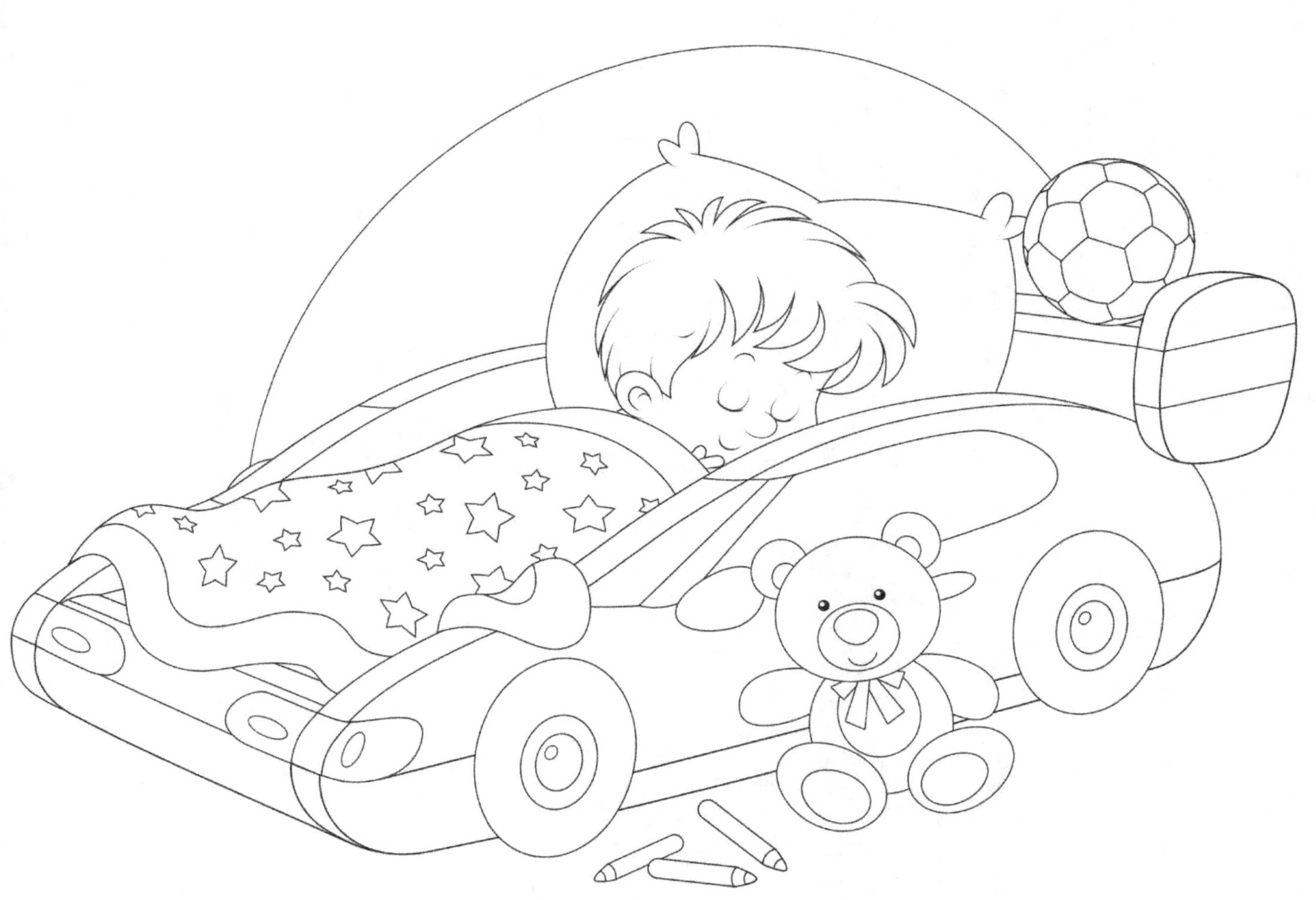

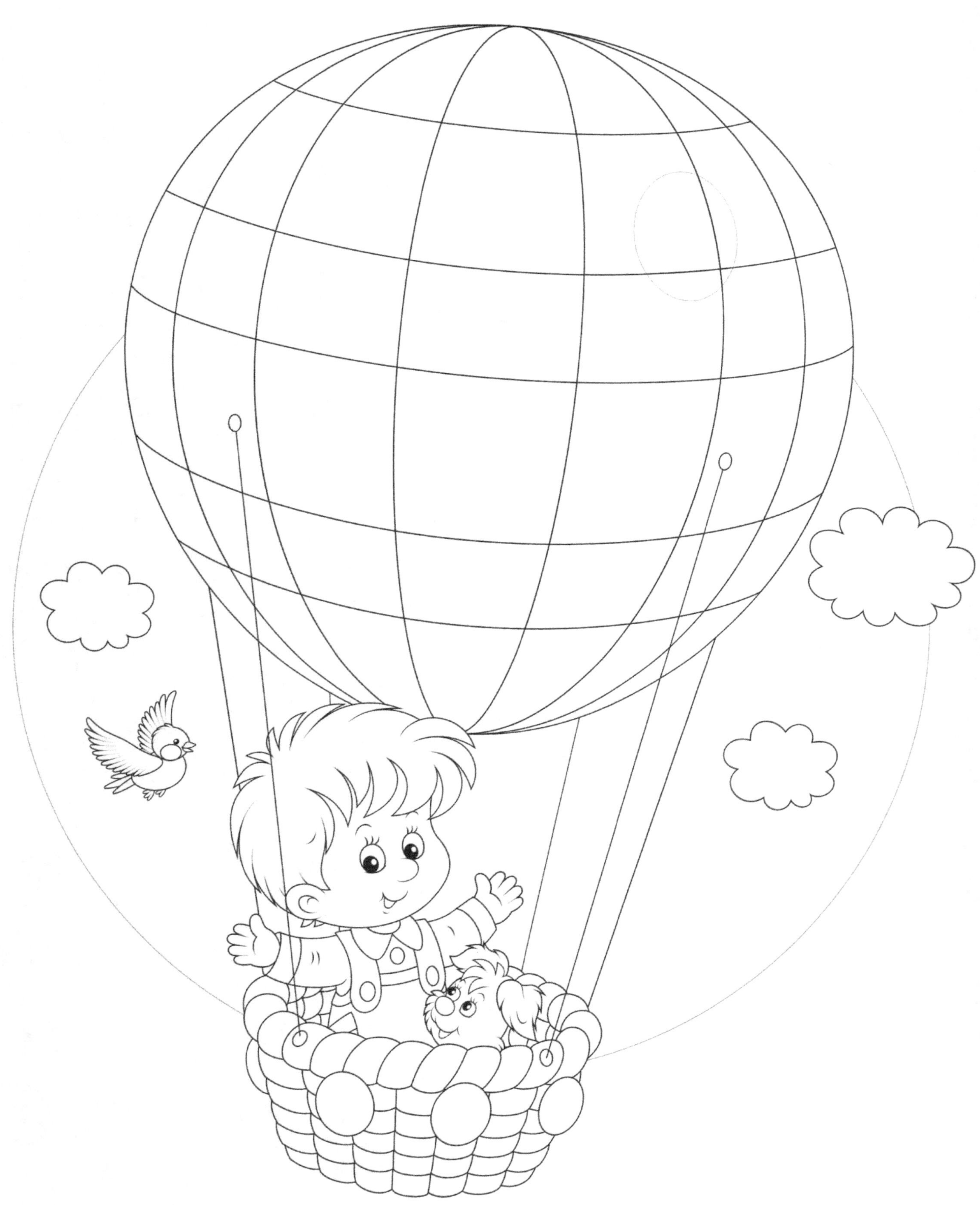

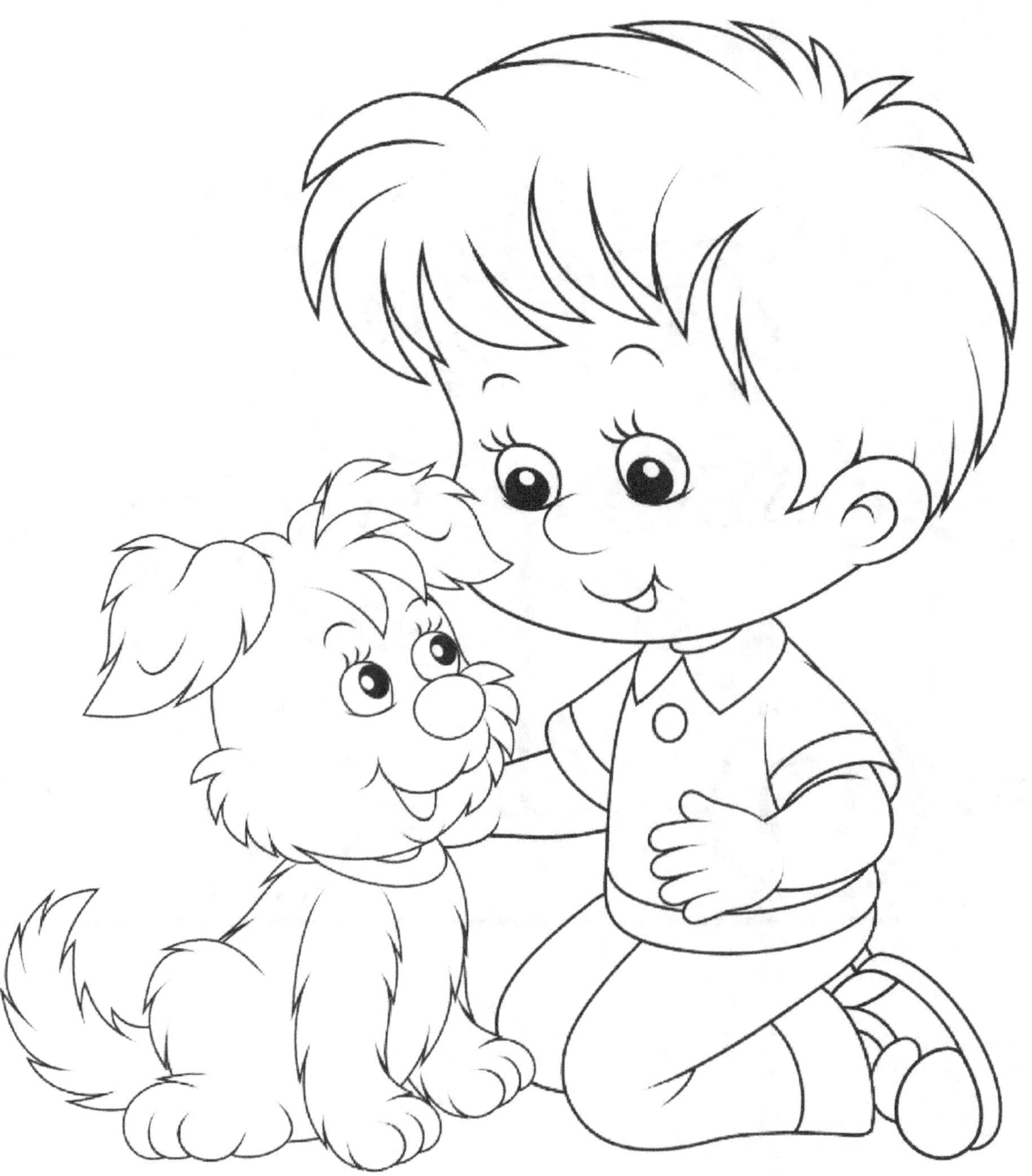

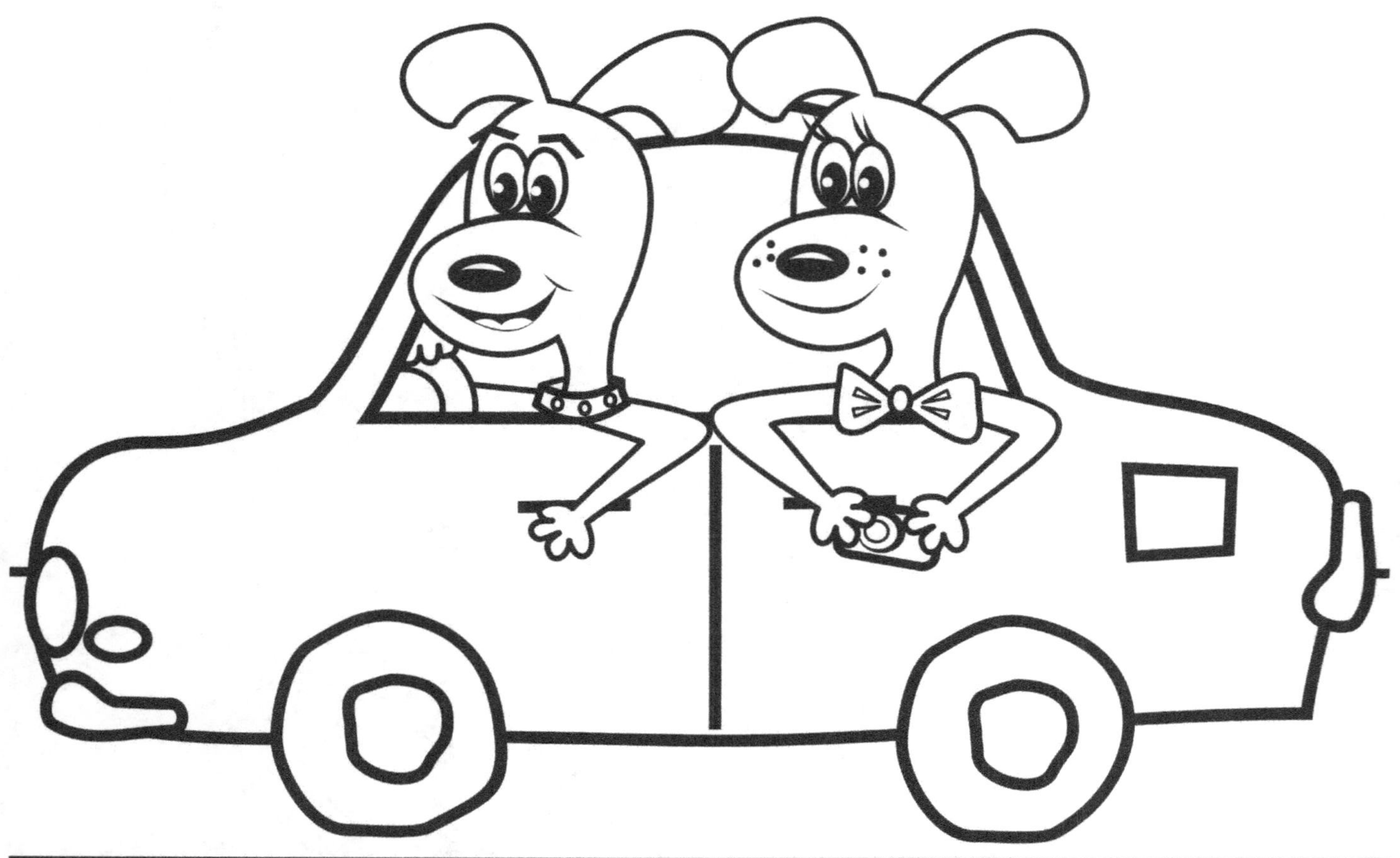

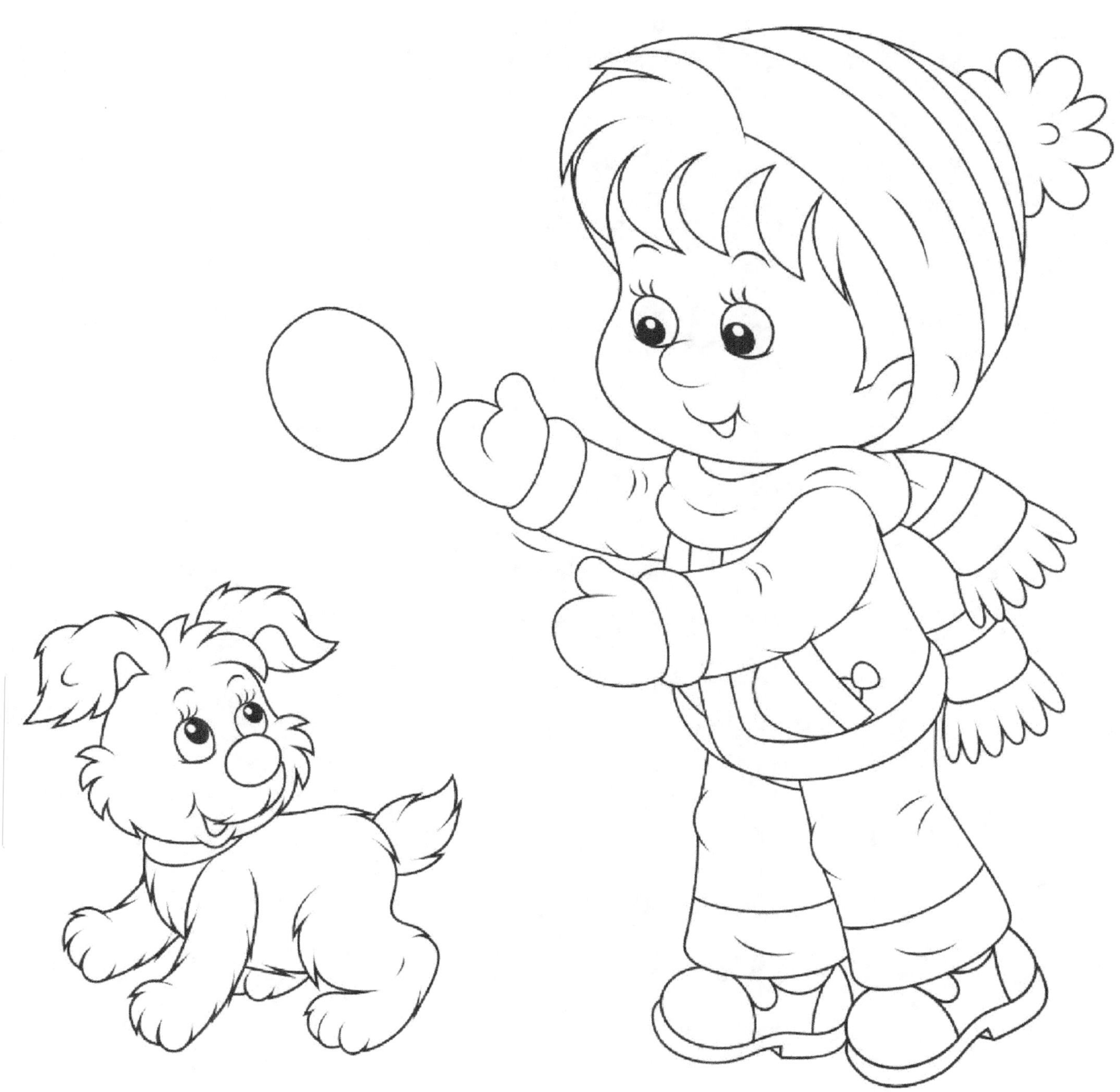

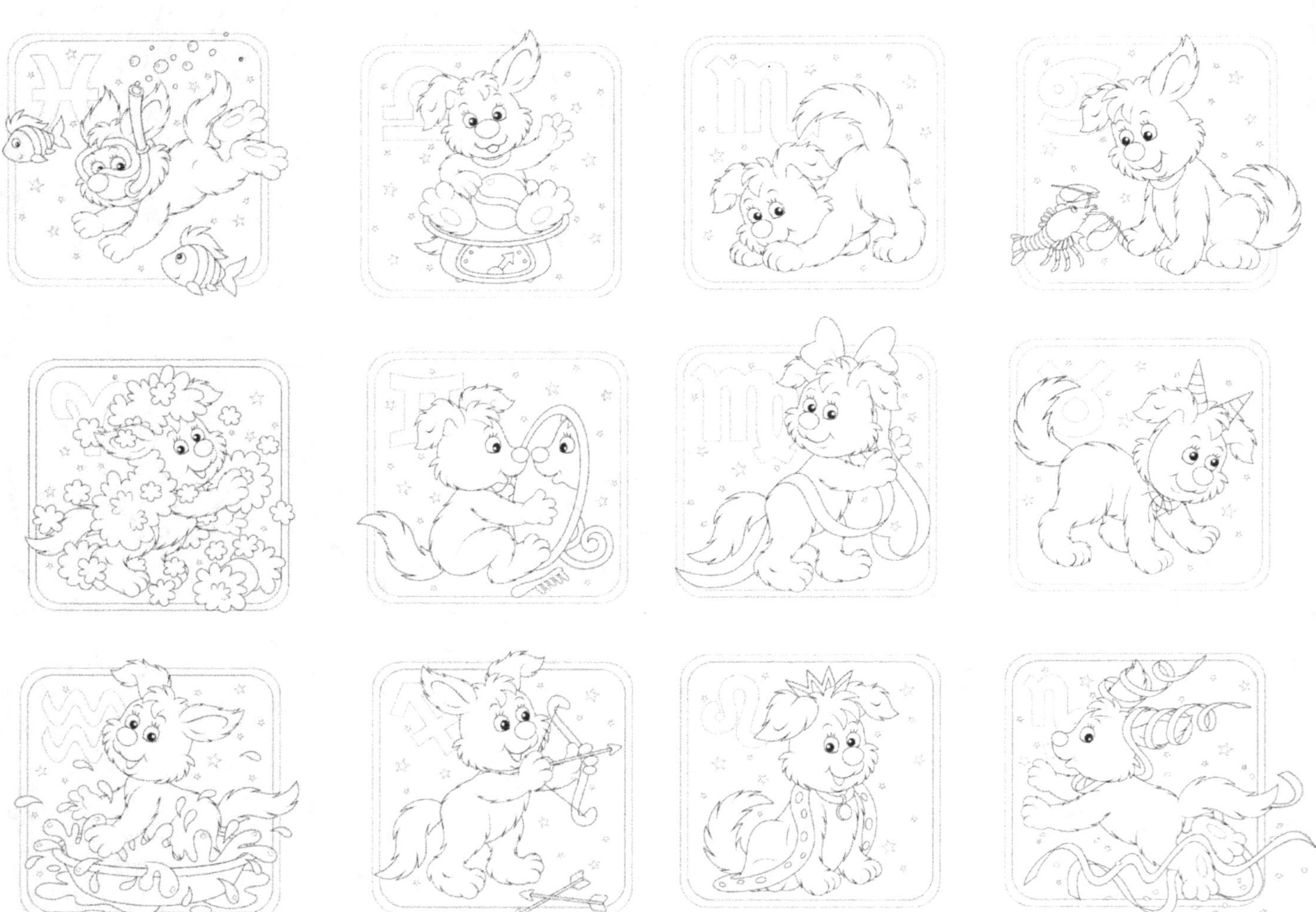

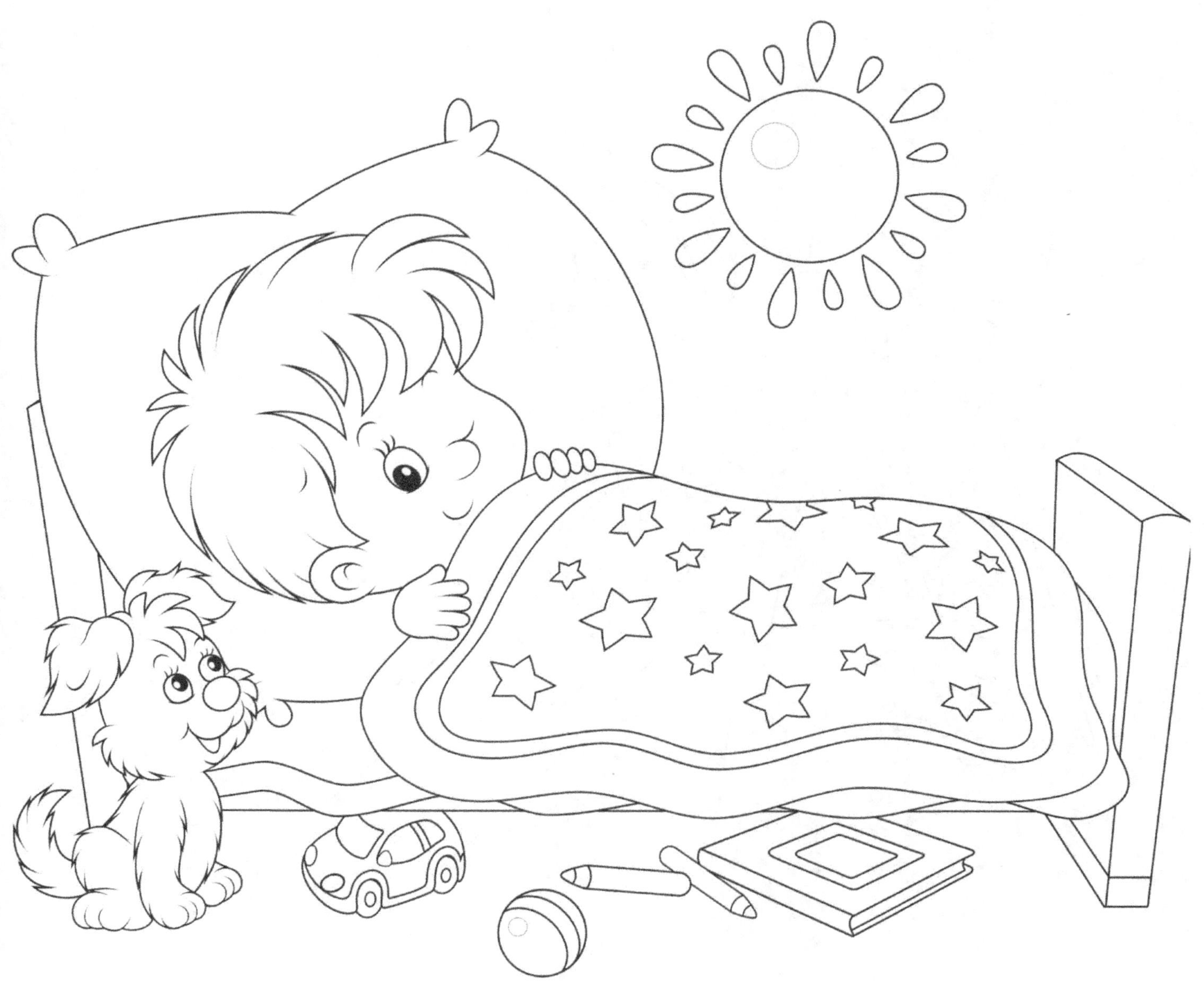

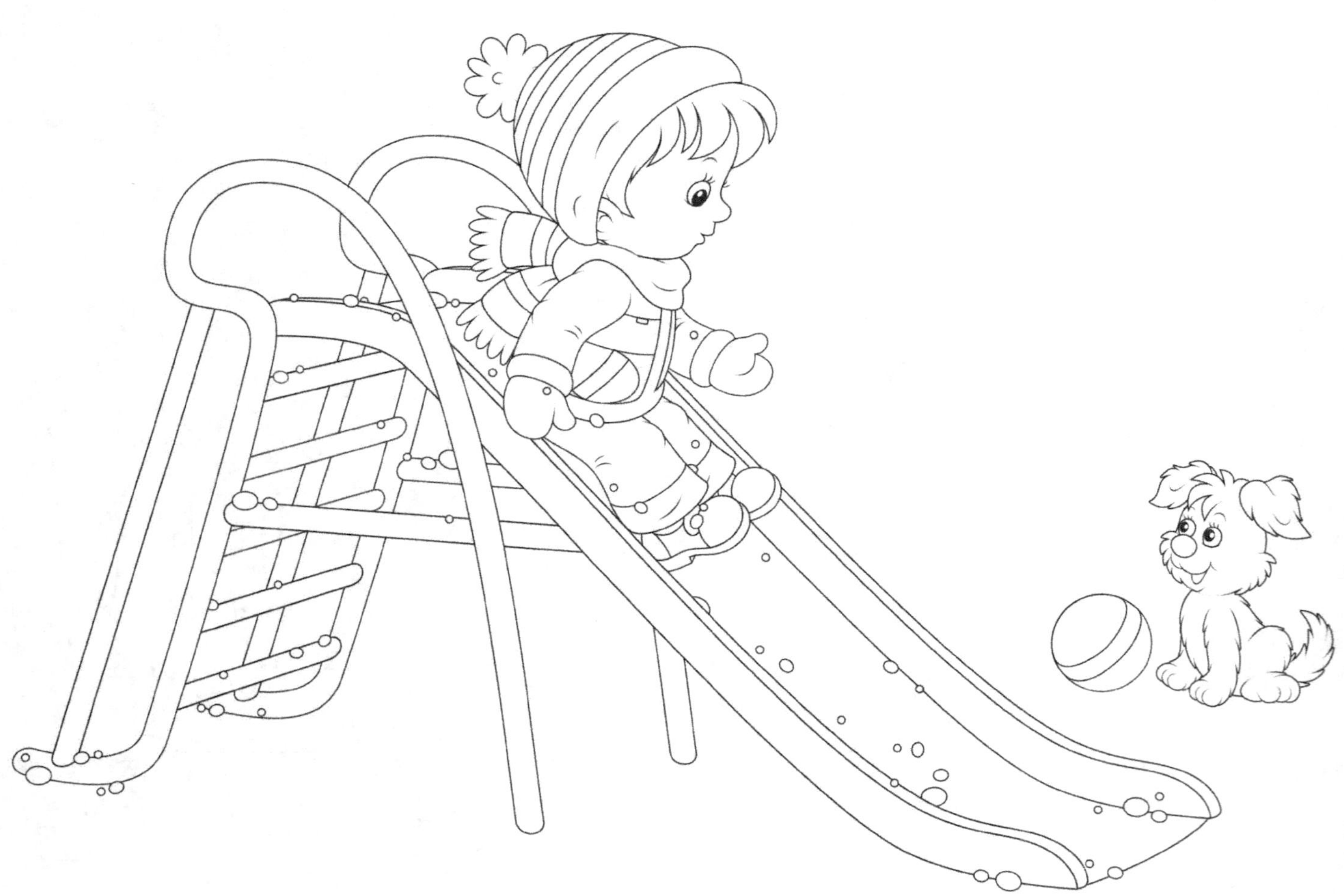

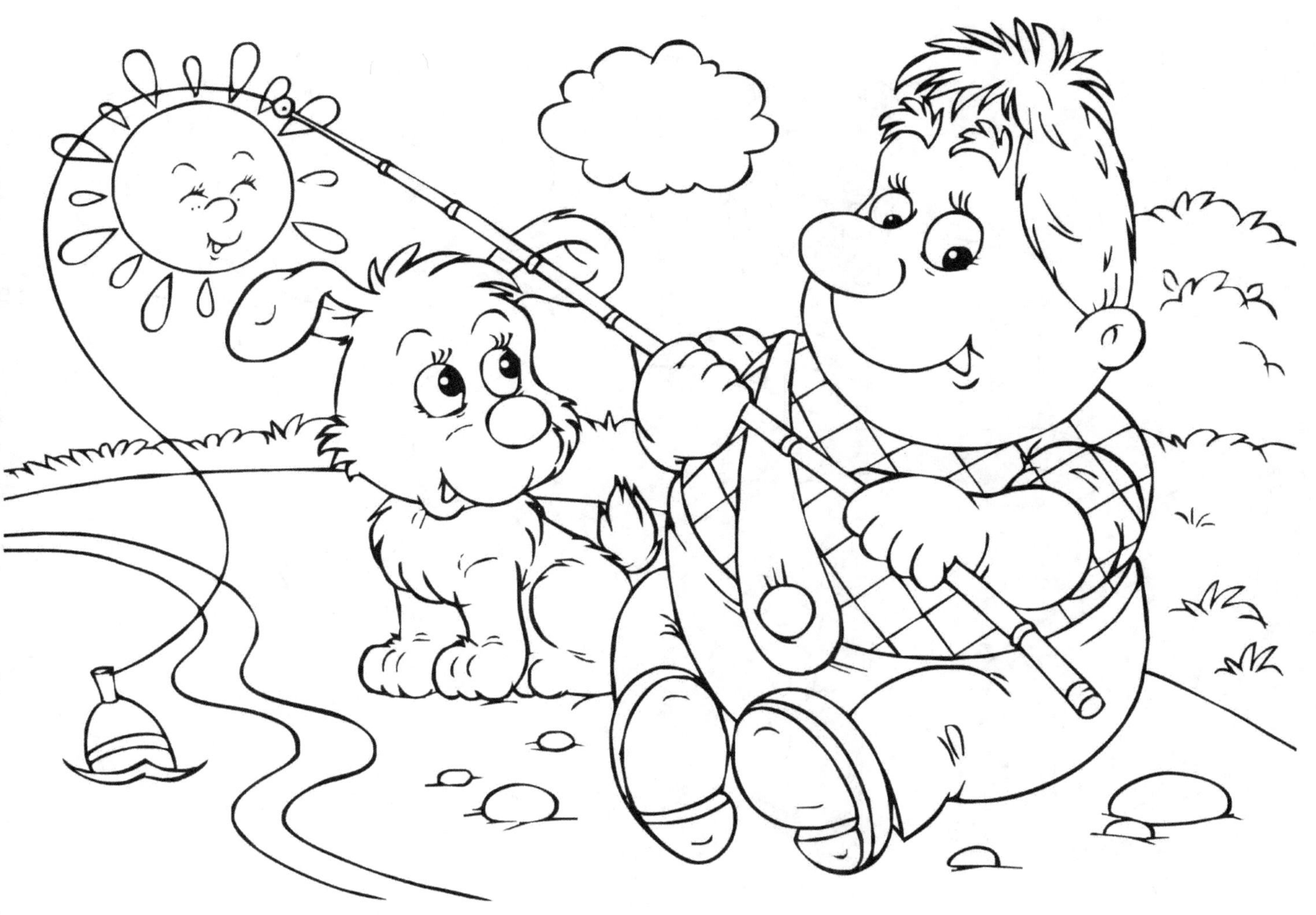

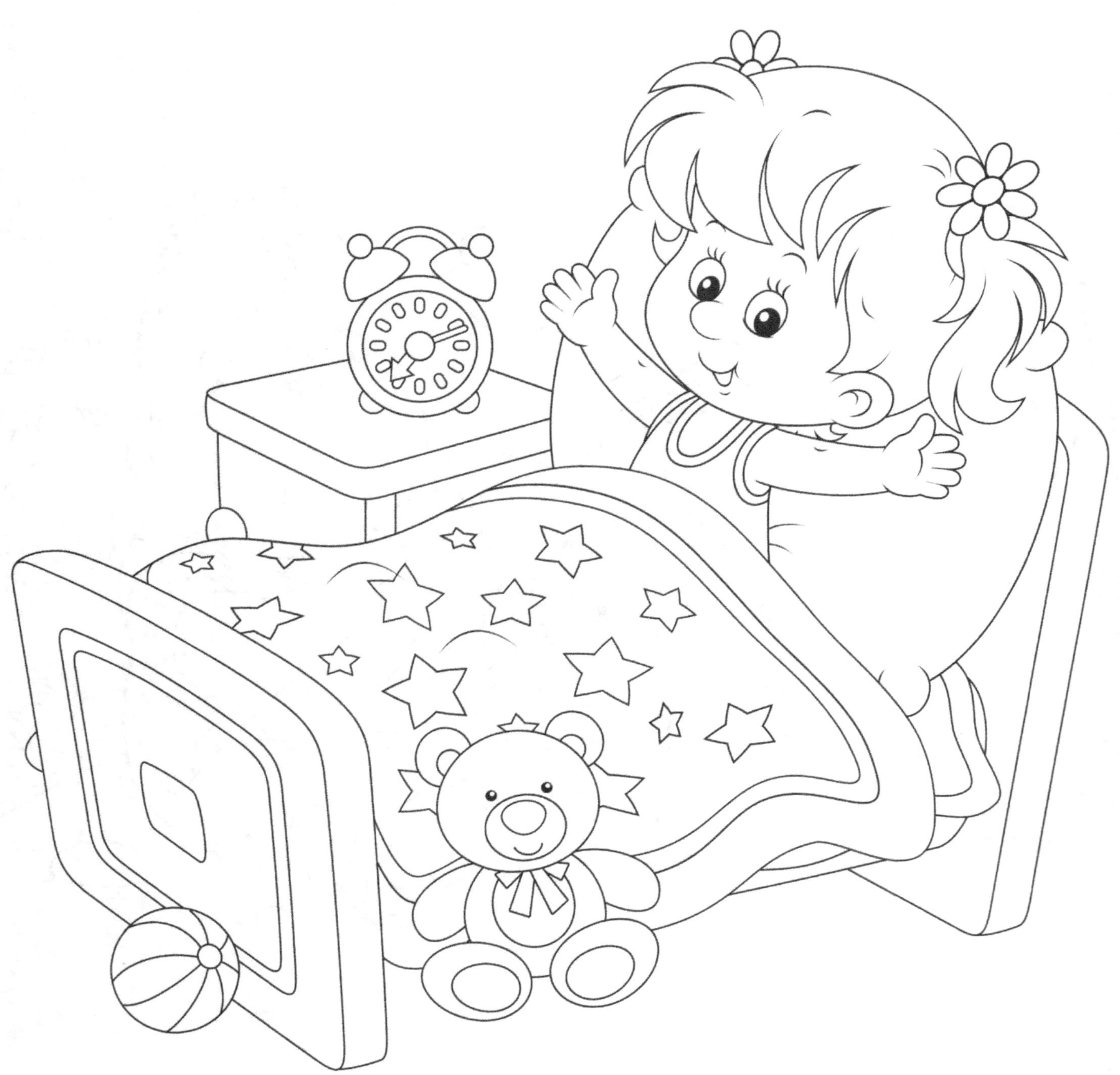

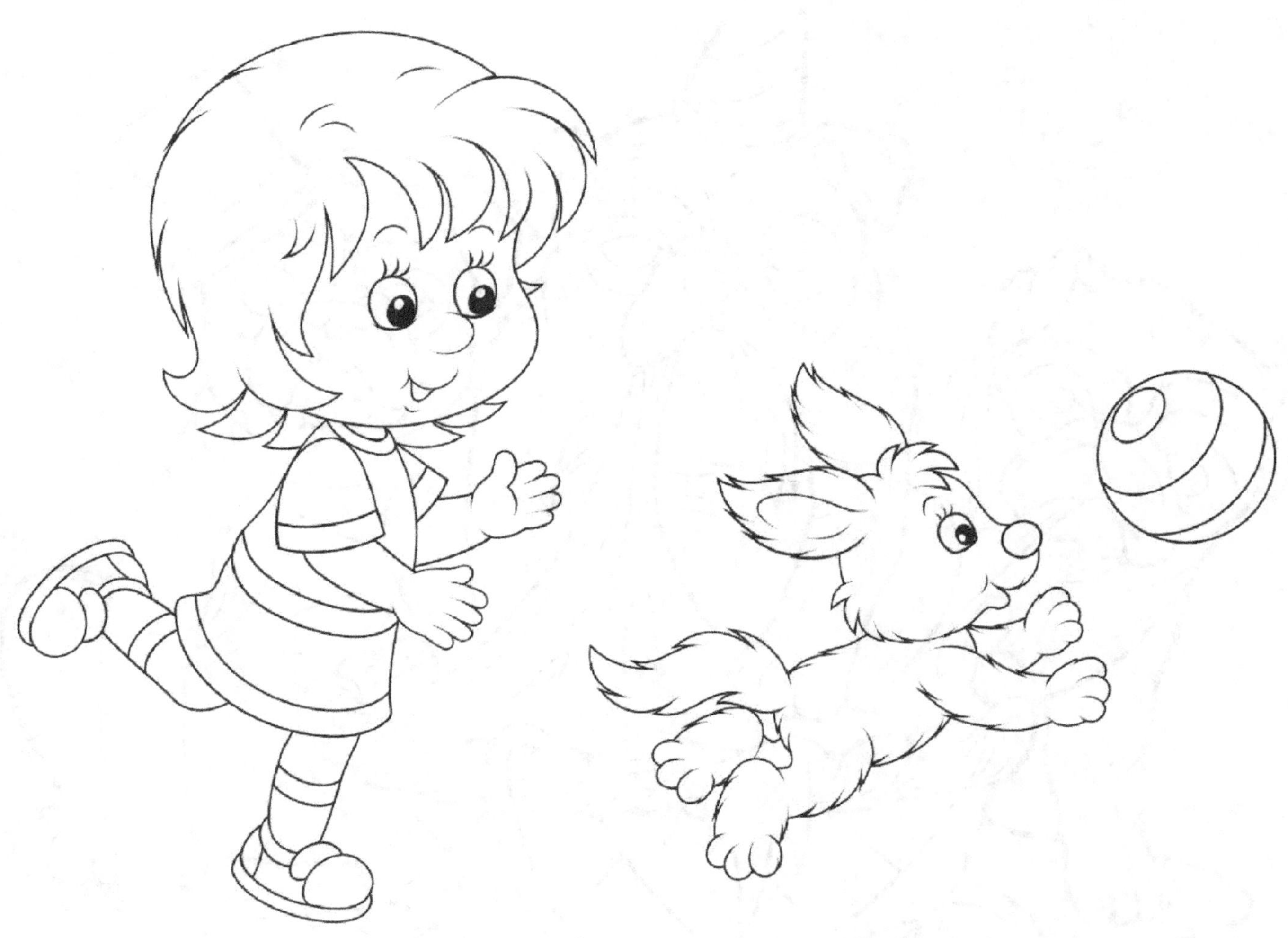

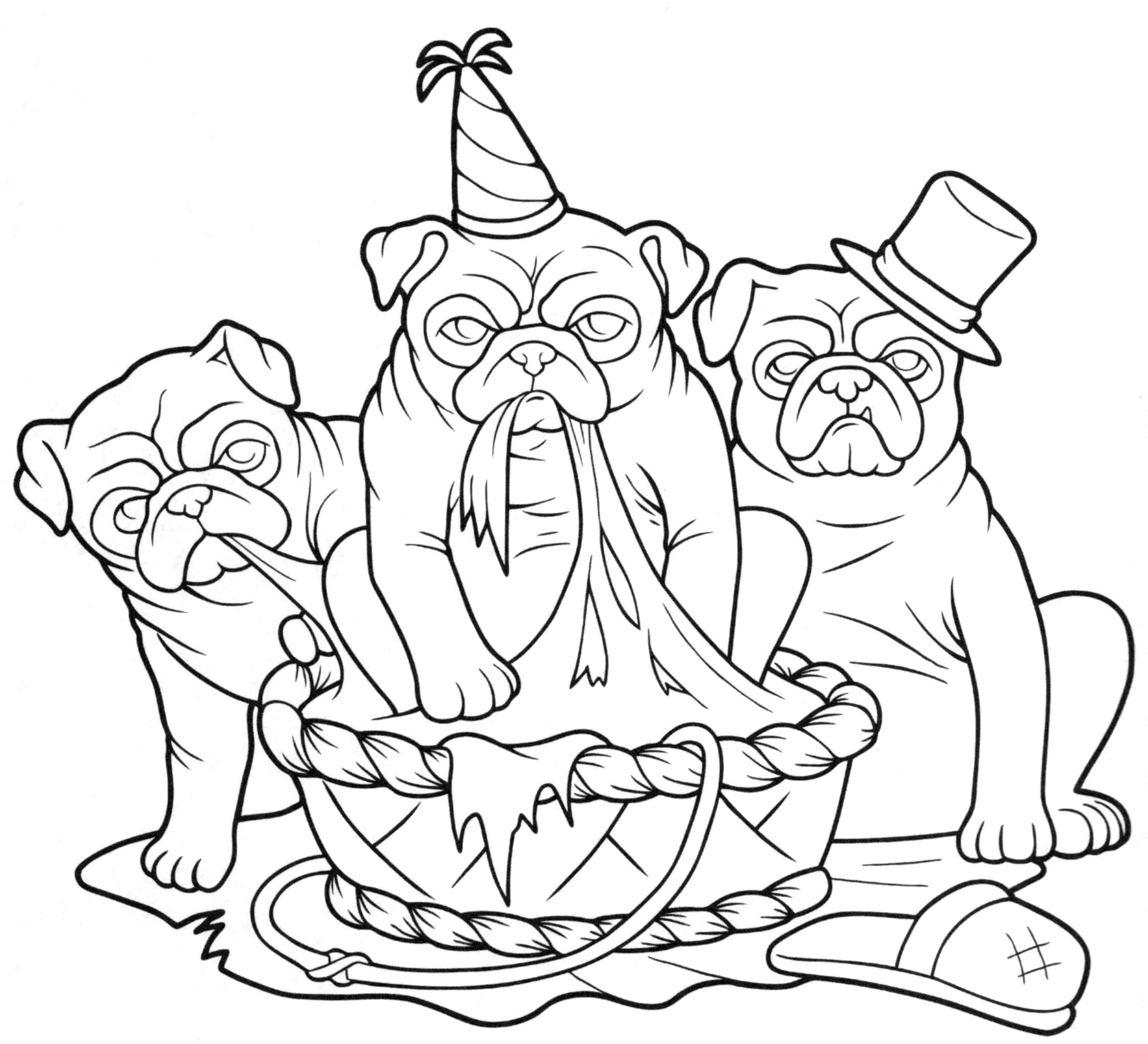

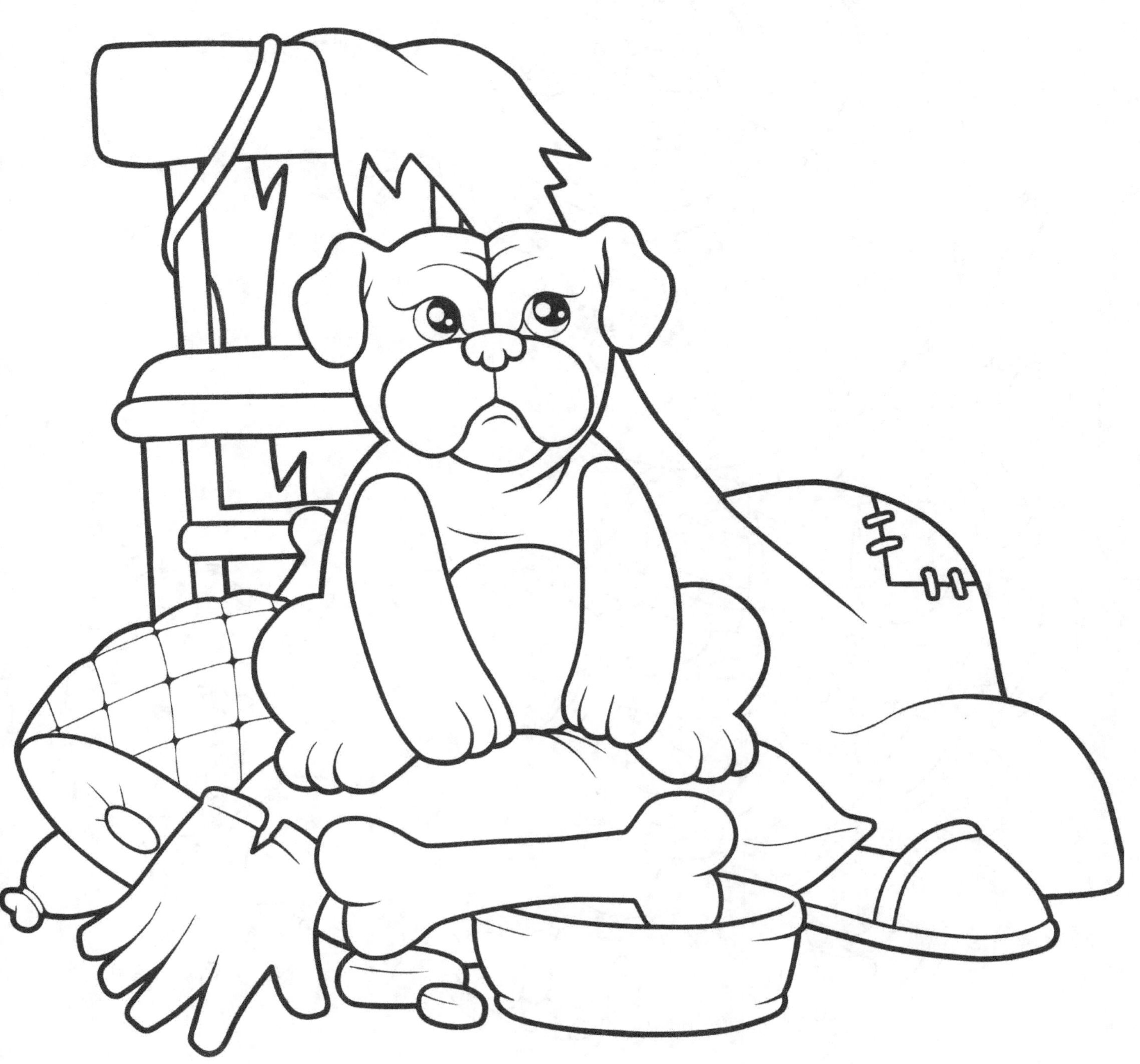

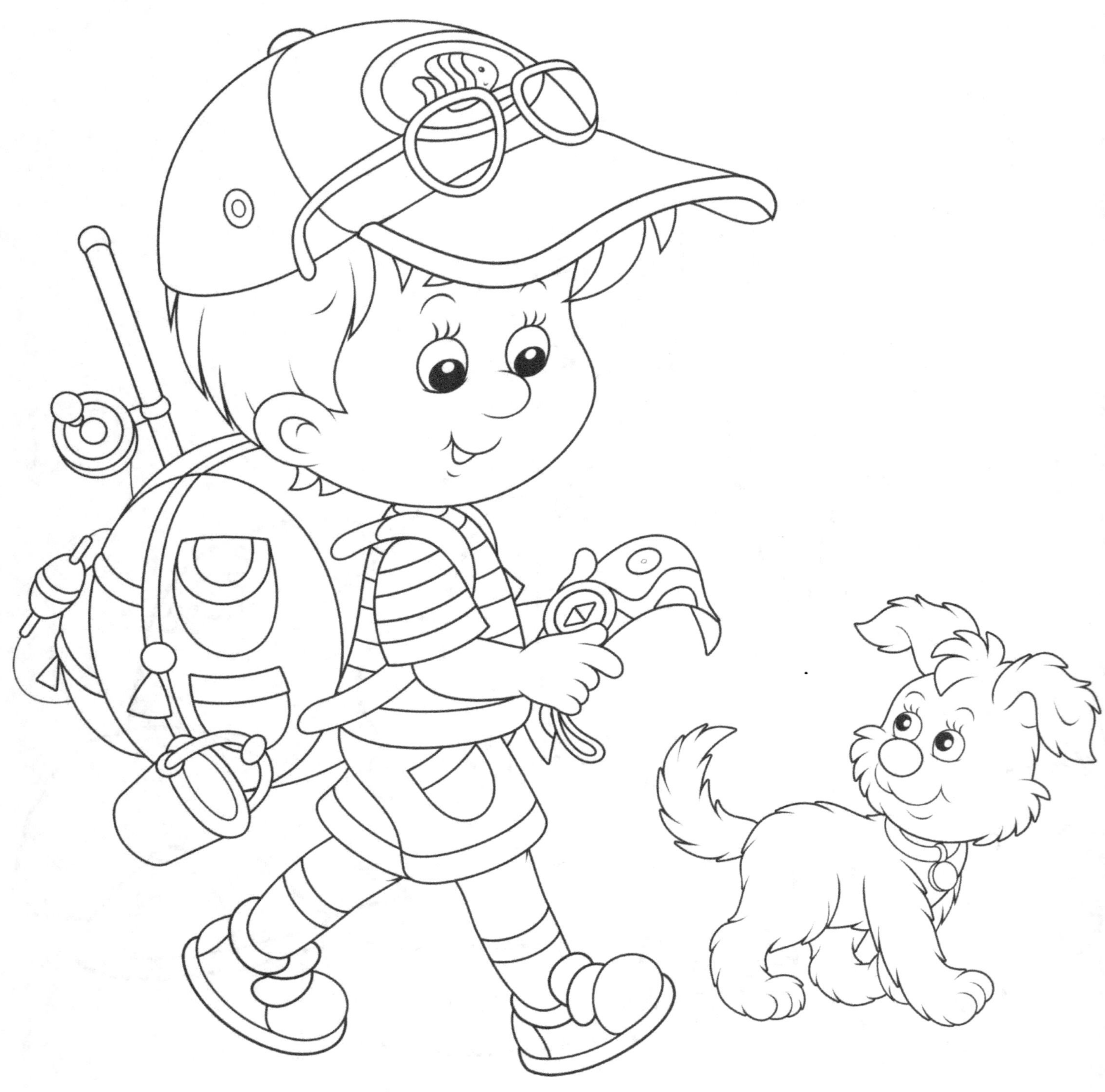

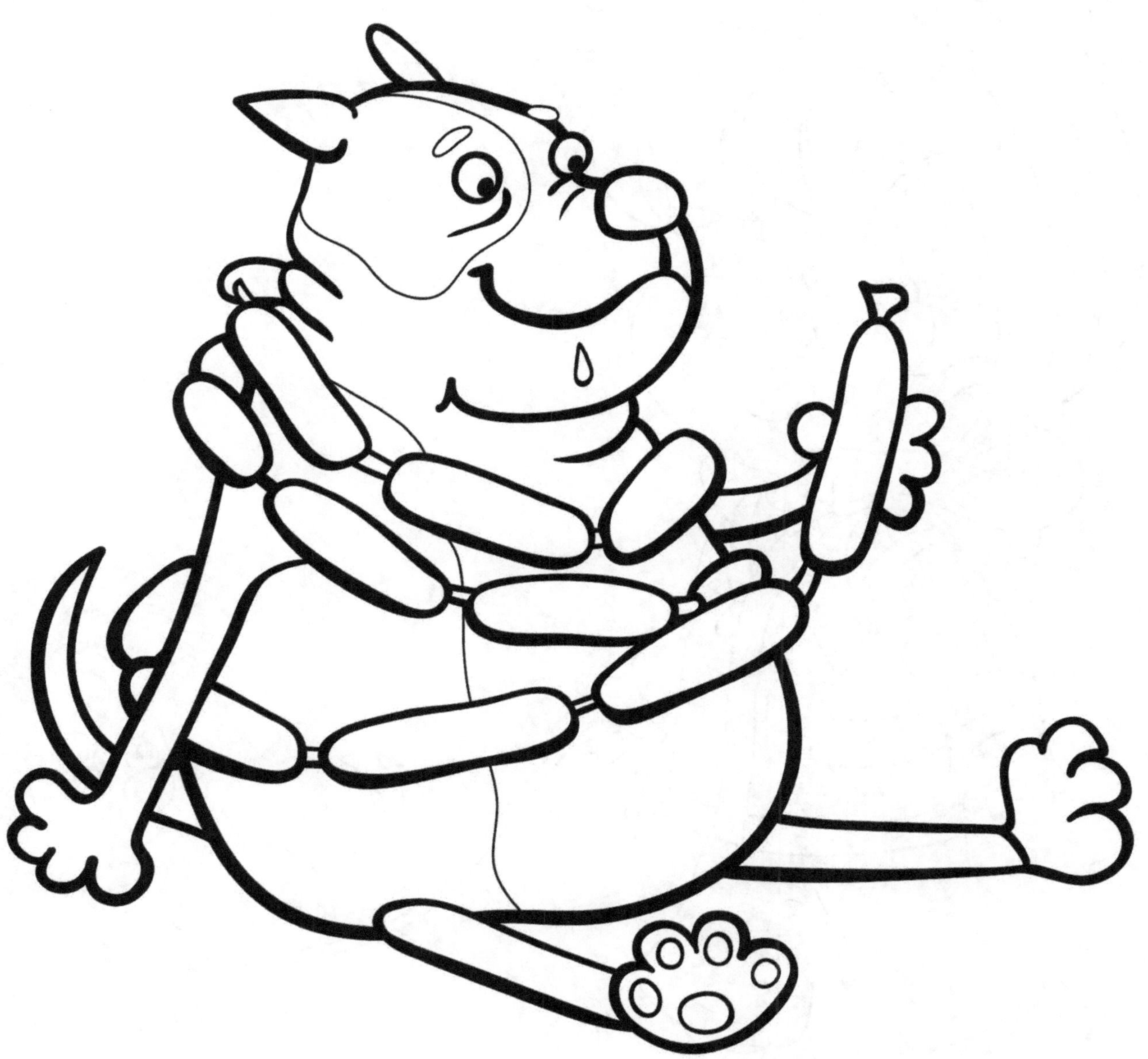

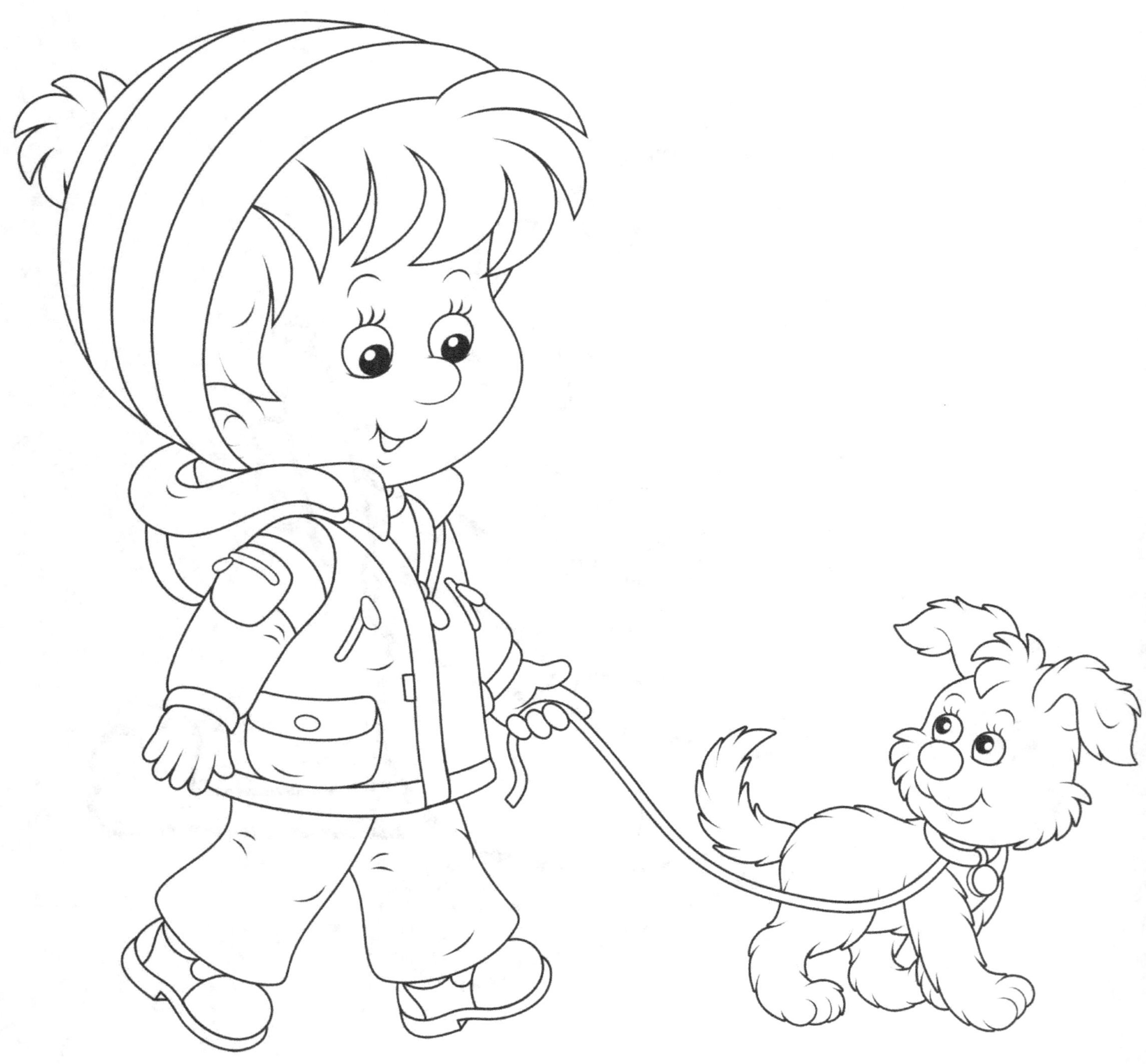

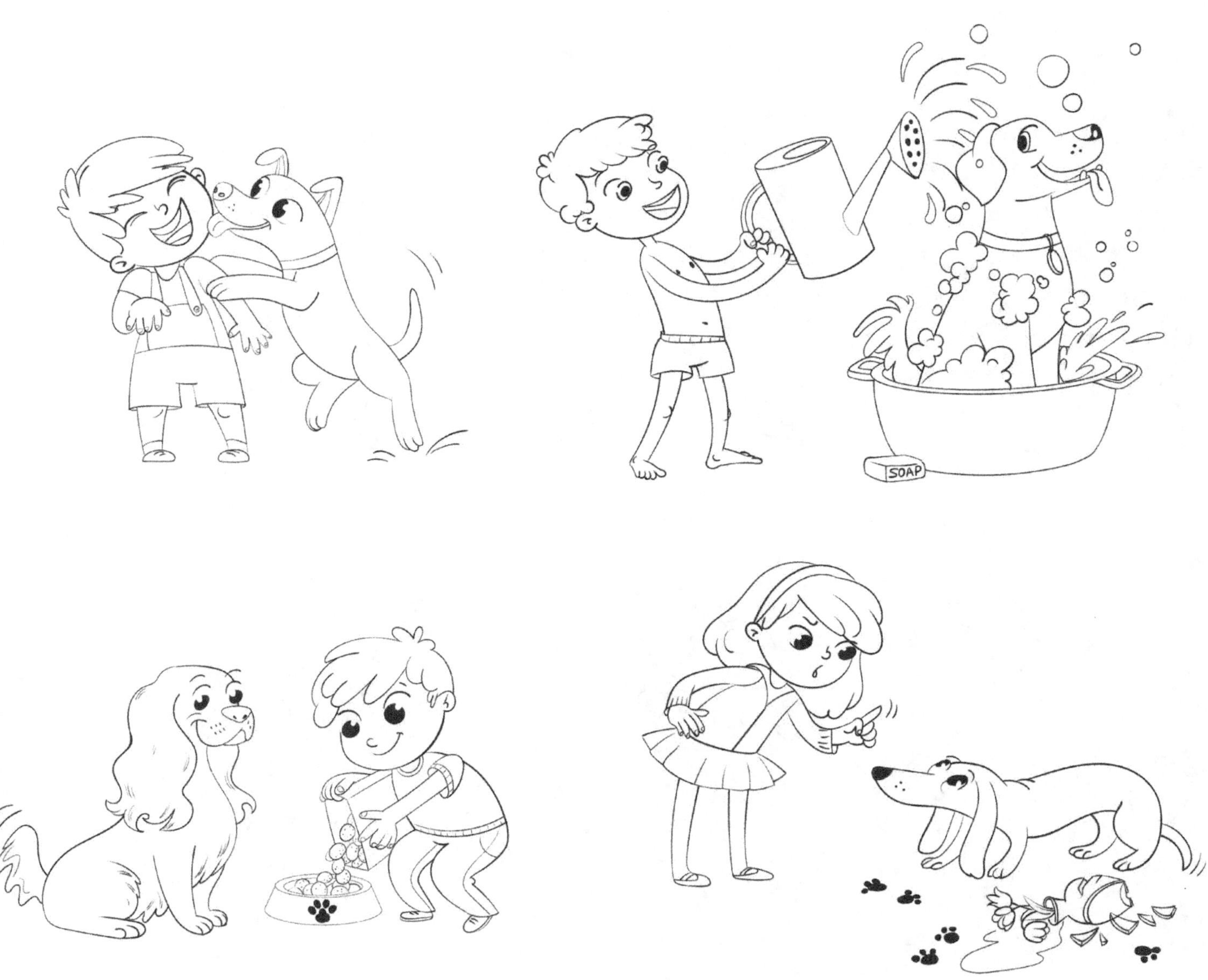
SOAP

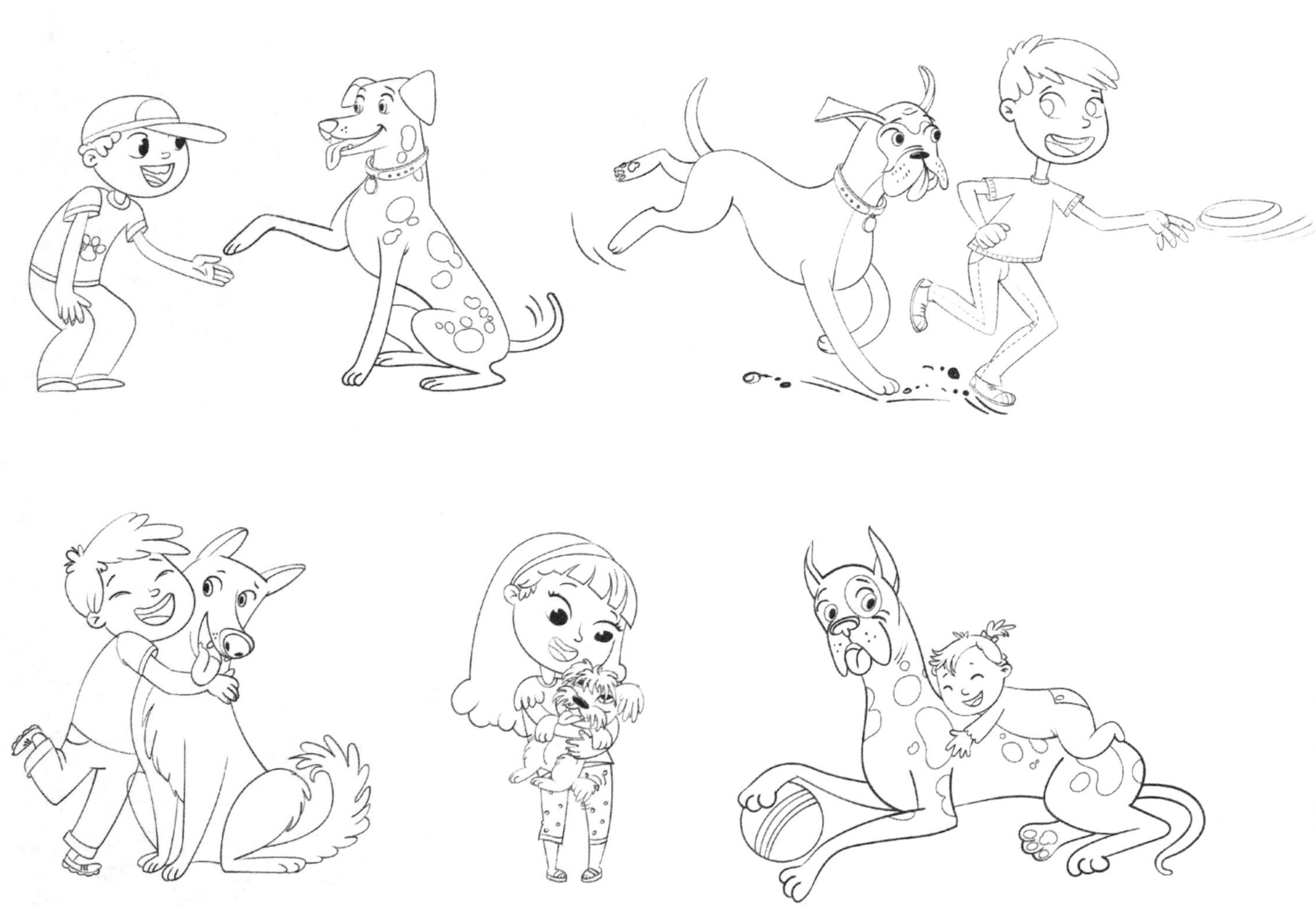

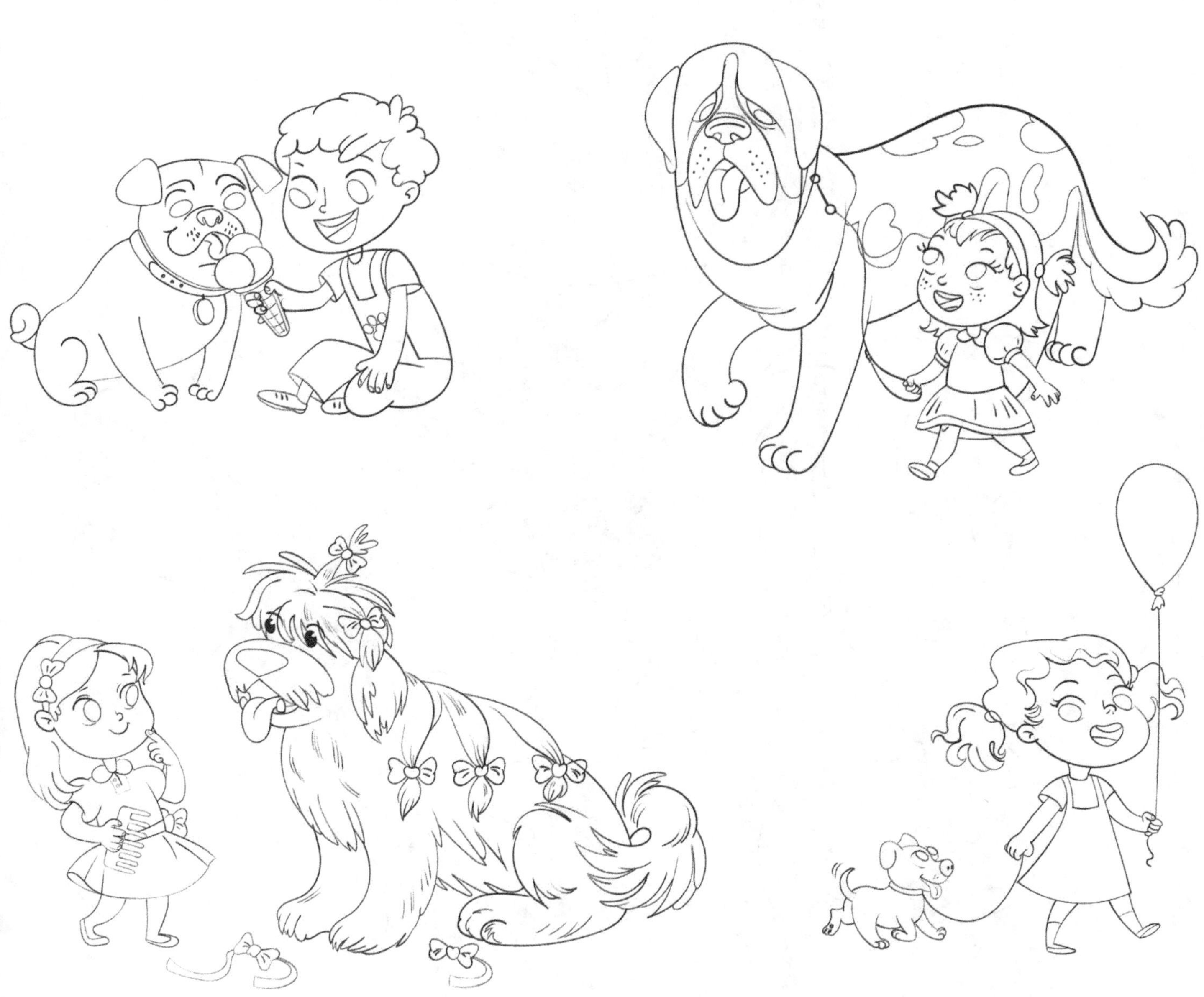

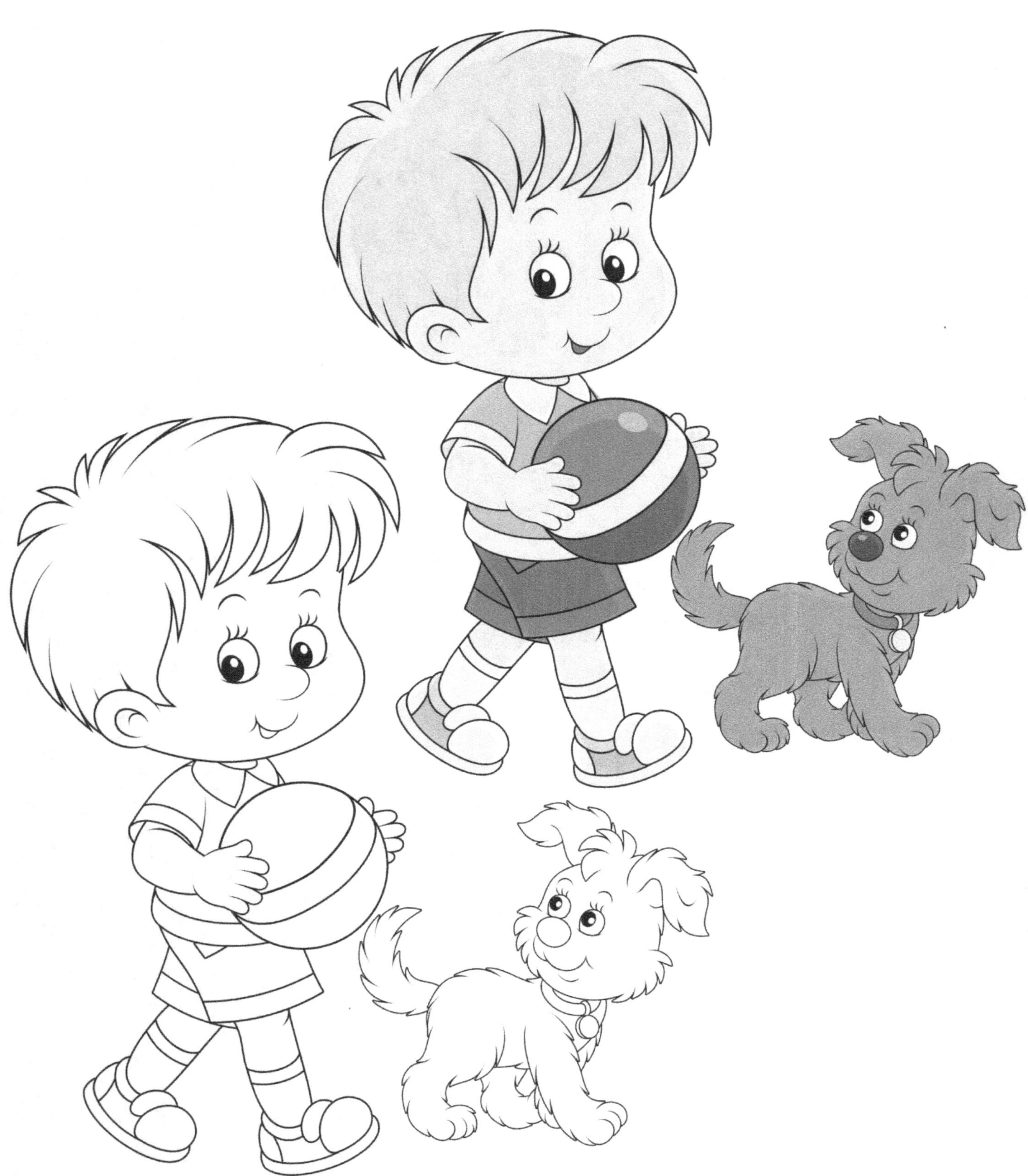

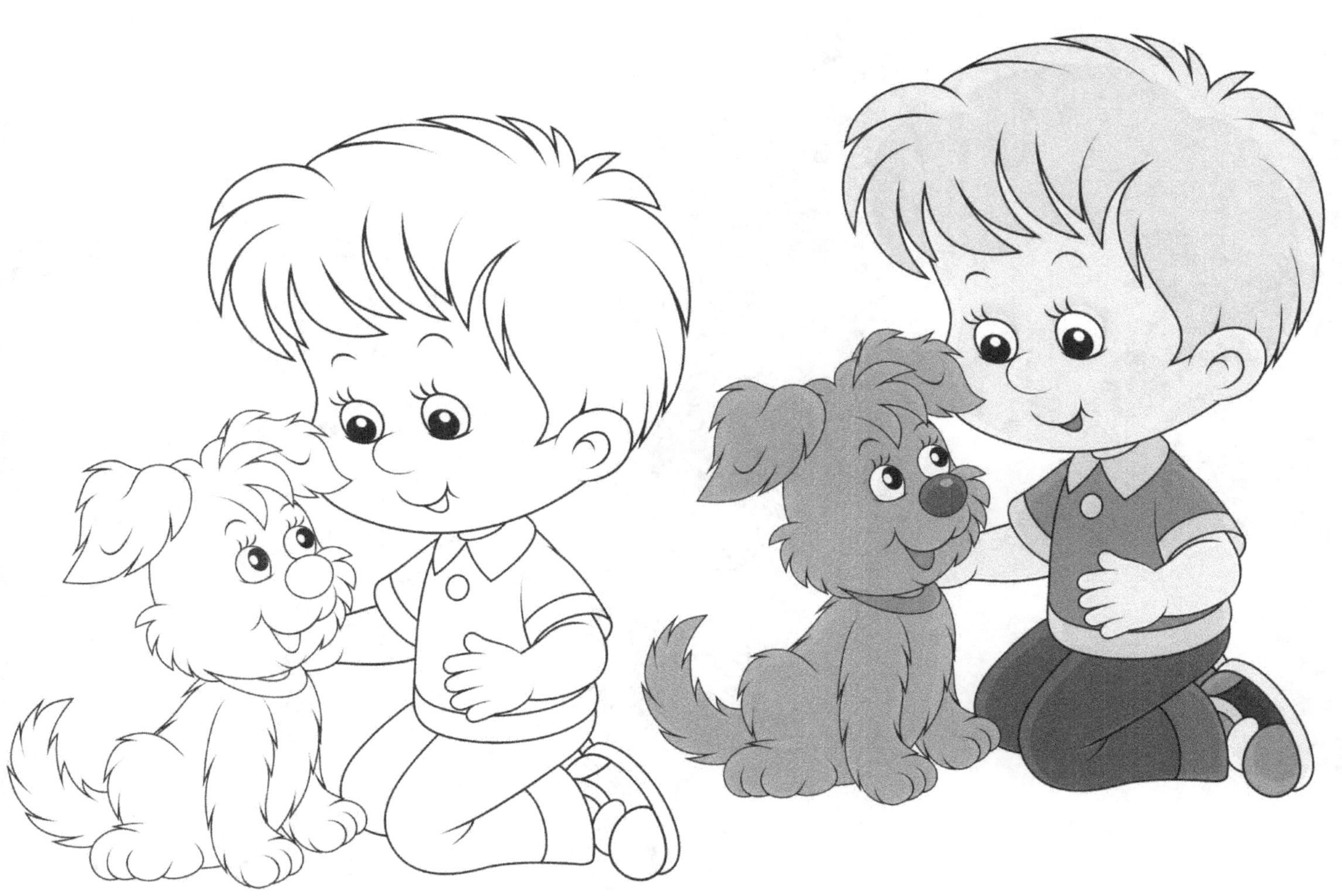

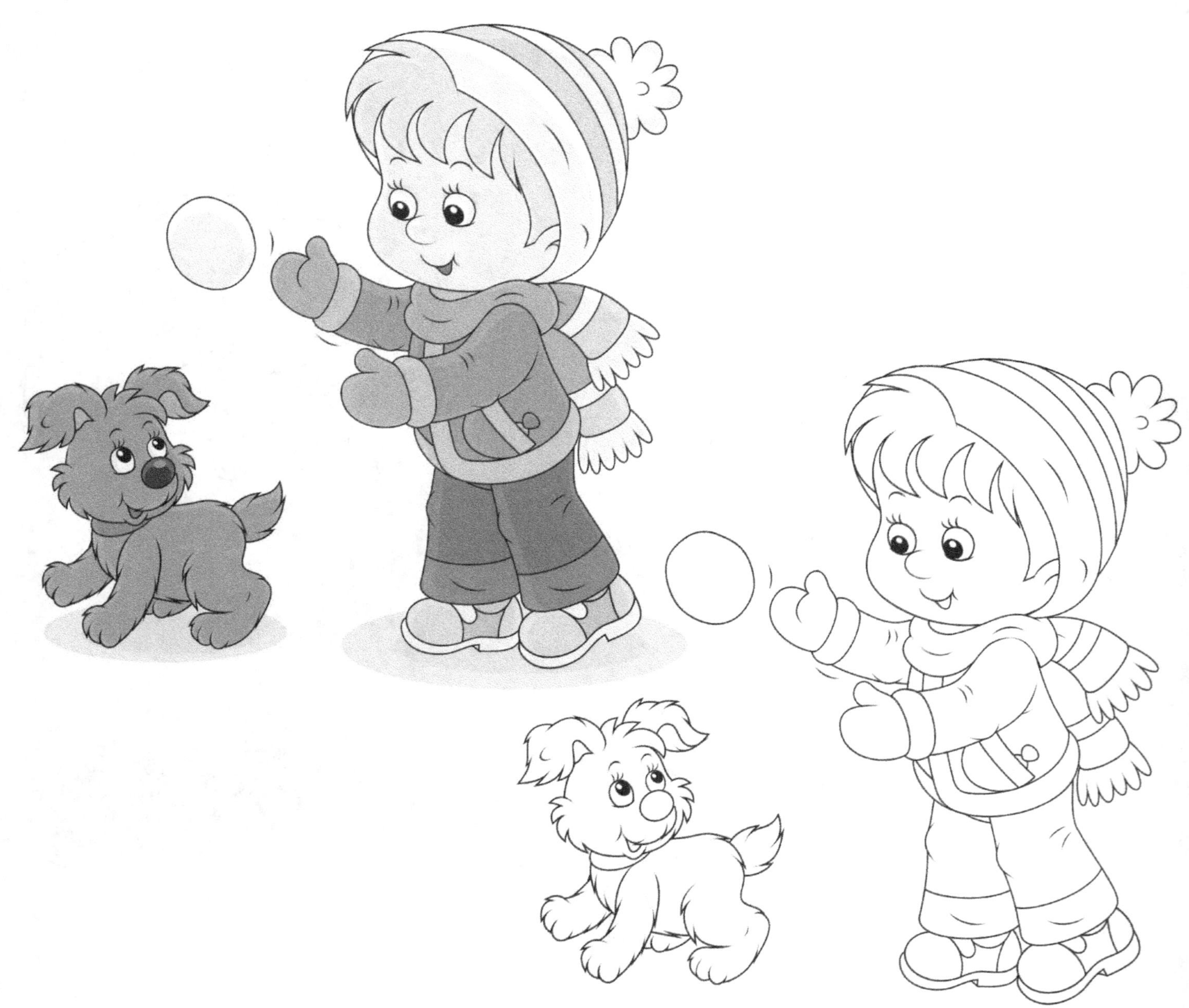

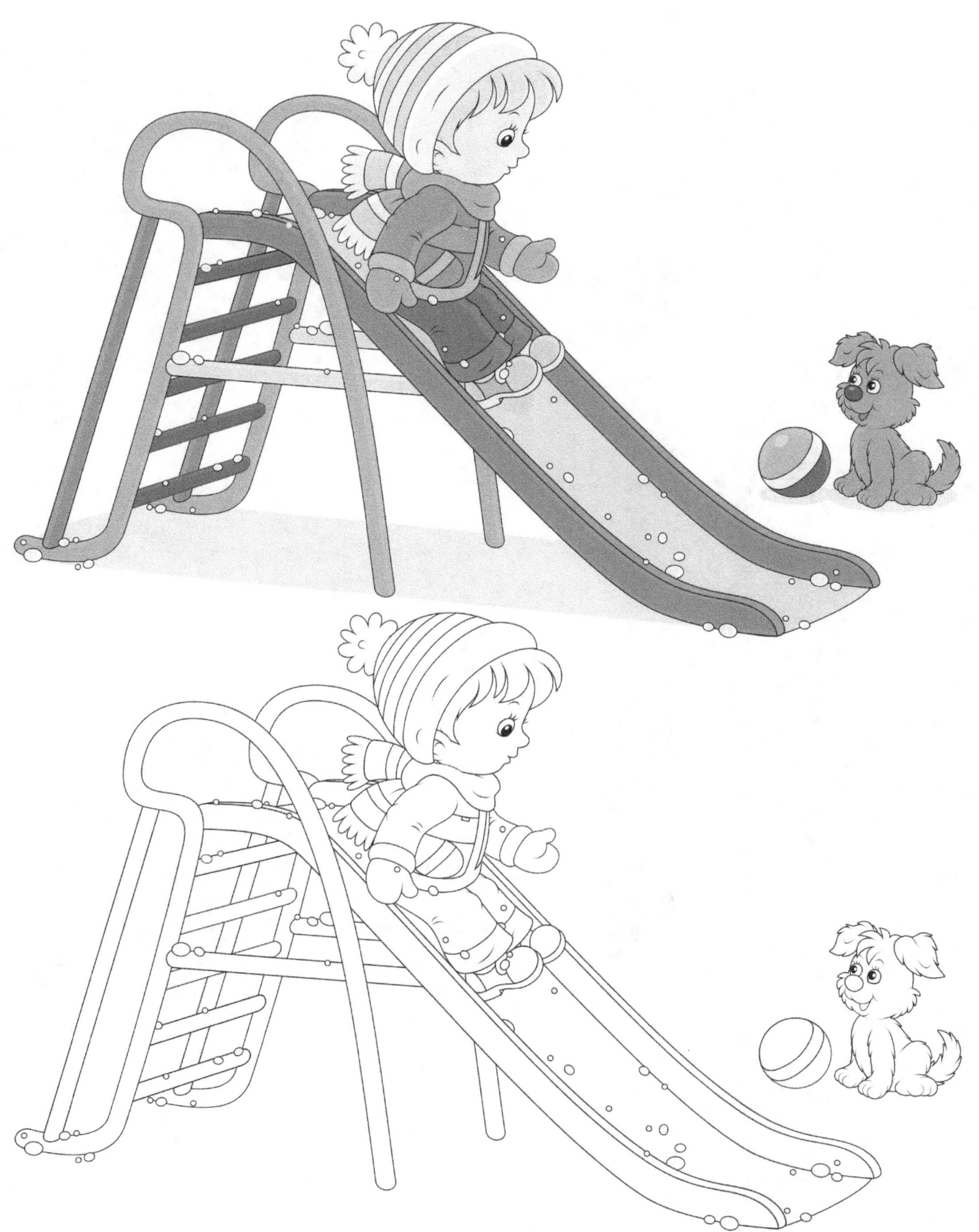

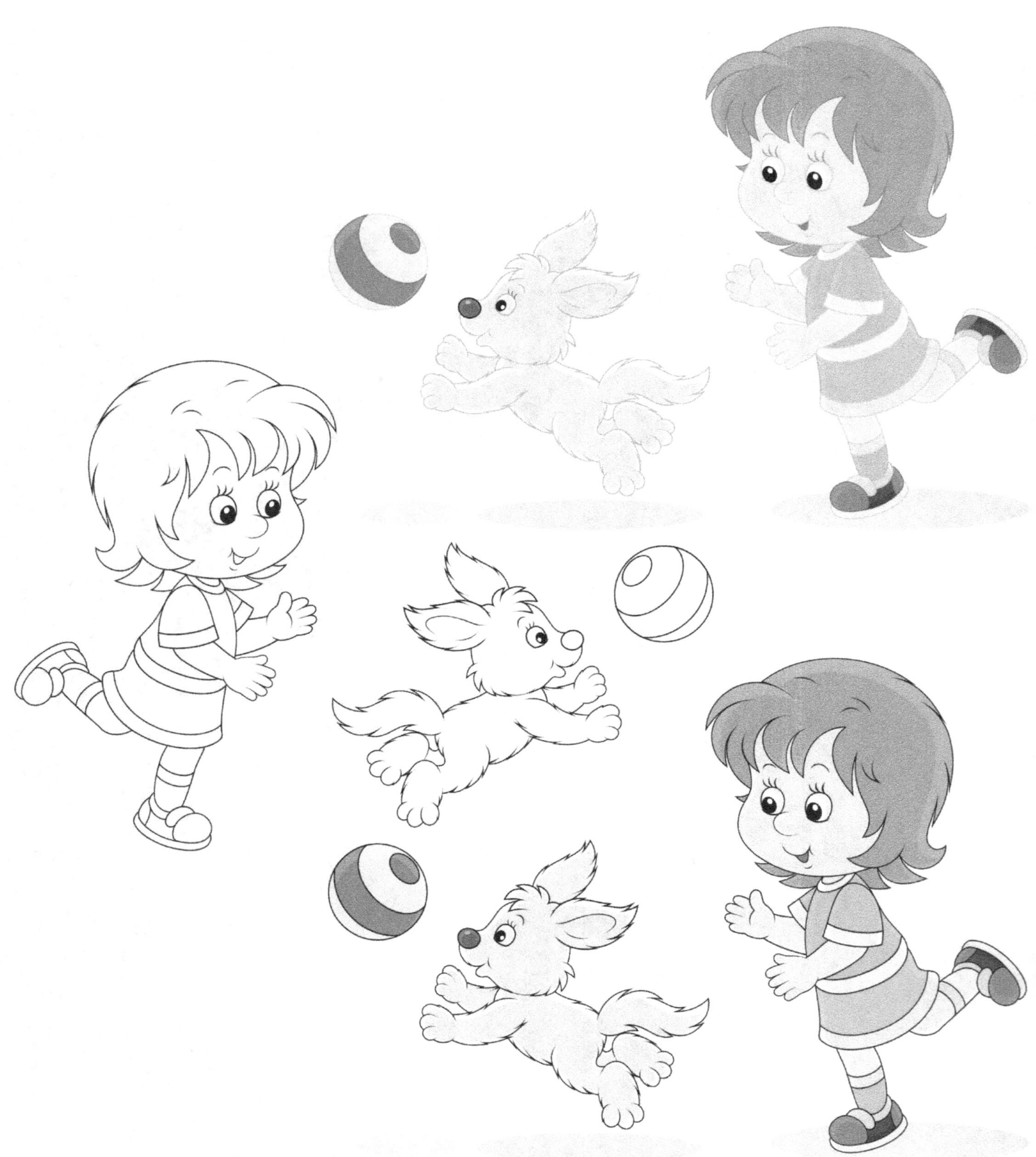

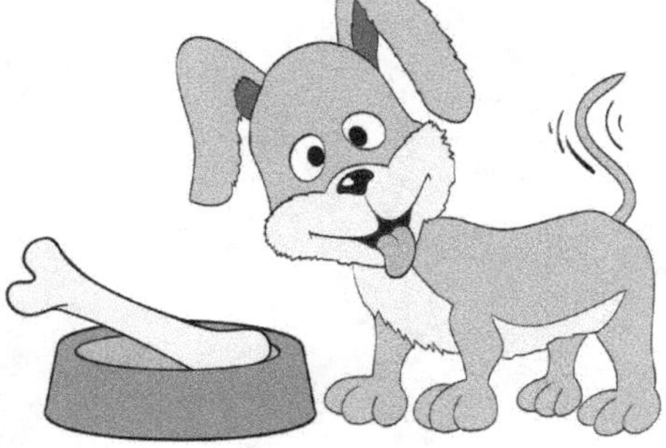

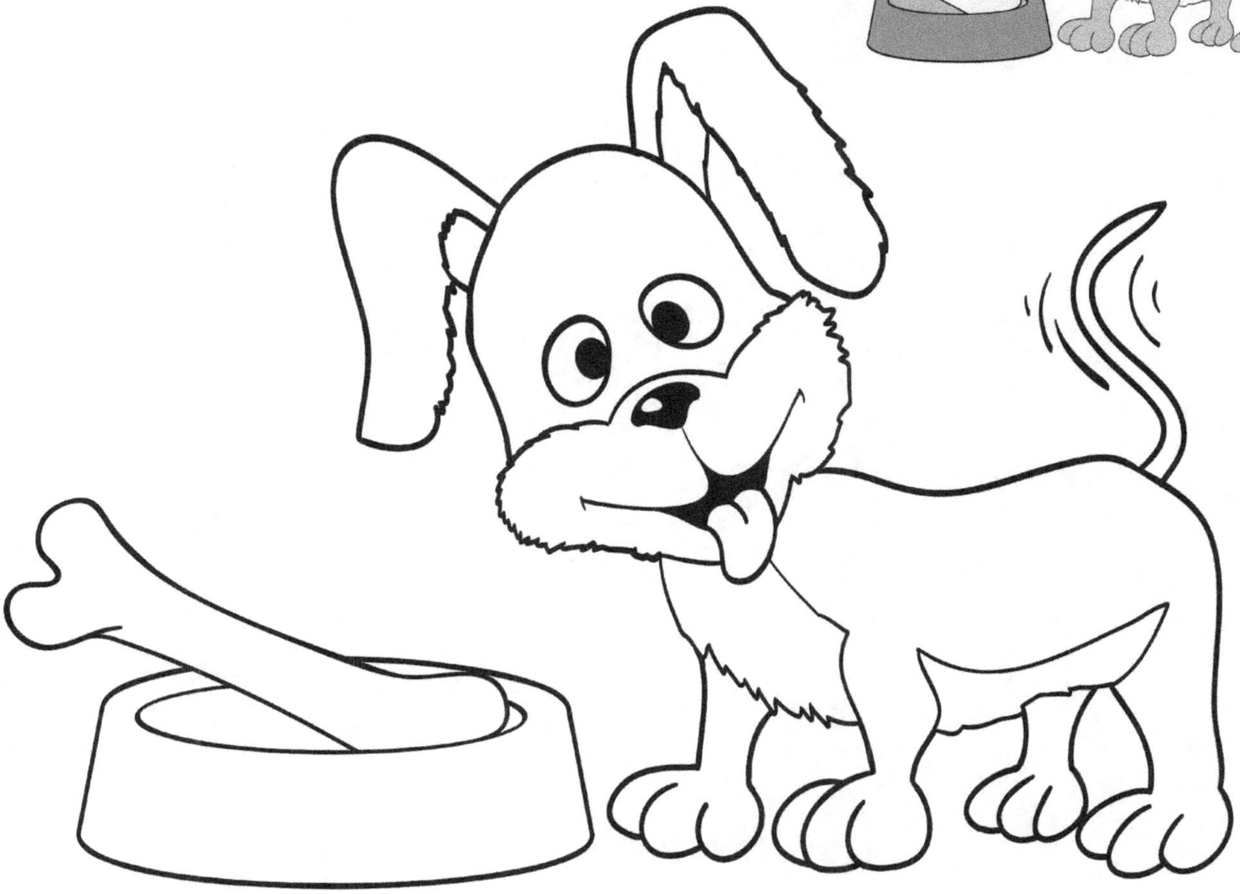